中华上下五千年·春秋战国

全民阅读书架【双色版】

冯慧娟 ◎ 主编

辽宁美术出版社

图书在版编目（CIP）数据

中华上下五千年. 春秋战国 / 冯慧娟主编. — 沈阳：辽宁美术出版社, 2017.12（2024.2重印）

（全民阅读书架）

ISBN 978-7-5314-7860-7

Ⅰ. ①中… Ⅱ. ①冯… Ⅲ. ①中国历史—春秋战国时代—通俗读物 Ⅳ. ① K209

中国版本图书馆 CIP 数据核字 (2017) 第 310825 号

出 版 社：	辽宁美术出版社
地　　址：	沈阳市和平区民族北街29号　邮编：110001
发 行 者：	辽宁美术出版社
印 刷 者：	北京一鑫印务有限责任公司
开　　本：	787mm×1092mm　1/32
印　　张：	5
字　　数：	100千字
出版时间：	2017年12月第1版
印刷时间：	2024年2月第7次印刷
责任编辑：	童迎强
装帧设计：	新华智品
责任校对：	郝　刚

ISBN 978-7-5314-7860-7

定　价：29.80元

邮购部电话：024-83833008
E-mail：lnmscbs@163.com
http://www.lnmscbs.cn
图书如有印装质量问题请与出版部联系调换
出版部电话：024-23835227

前言 | FOREWORD

古罗马著名历史学家李维曾说过:"研究研究过去的事,可以得到非常有用的教益。在历史真相的光芒下,你可以清清楚楚地看到各种各样的事例。你应当把这些事例作为借鉴。"我国古代著名帝王唐太宗也曾说过:"以史为镜,可以知兴替。"的确,如果能够通过阅读了解一些历史知识,总结一些兴亡成败的教训,无疑将有助于我们在面对人生时做出明智的选择和判断。可以说,读史是我们积累经验、增长见识、汲取智慧的重要途径之一。

然而,当我们回首过去,试图了解那段跌宕起伏的岁月,探访先人的事迹和心声时,却常常因为它过于广袤浩瀚而感到茫然。面对长达五千年的中国历史,我们该以怎样的方式去解读呢?其实,历史的一切起承转合,大都源于一系列的人物和事

前言 | FOREWORD

件。这些人物和事件或是开启了一个新的时代,或是扭转了历史前进的方向,或是为历史的发展埋下了千里伏笔……它们点点相连,构成了整个历史的庞大体系。因此,了解了这些人物和事件,也就能够窥斑见豹,找到开启历史大门的钥匙。

为此,我们特地为热爱中国历史的读者量身定做了"中华上下五千年"系列的七本书,从夏商至明清,选取中国各个历史时期的重要人物和重要事件,以简洁明快的语言、精美鲜明的图片来讲述历史故事,力图帮助读者系统了解中国历史的整体架构,探寻那些荣辱沉浮的深层原因。

我们相信,这套书一定能够为广大读者带来一些有益的启迪。

春秋

铁马金戈铸就的尊严（前770—前476年）

王权衰落与大国争霸 ... 002
平王东迁 ... 002
郑庄公"克段于鄢" ... 005
春秋荆楚第一王 ... 010
齐公子小白诈死得君位 ... 014
齐桓公称霸 ... 017
骊姬倾晋 ... 022
流亡公子重耳 ... 027
宋襄公"不鼓不成列" ... 032
晋文公霸业 ... 036
秦穆公独霸西戎 ... 038
"飞将冲天，鸣则惊人"的楚庄王 ... 041
吴王阖闾施恩行惠兴起 ... 046

勾践卧薪尝胆	051
春秋文化	056
老子出关	056
兵家圣典《孙子兵法》	058
孔子周游列国	061
木工祖师鲁班	065

战国

七雄逐鹿中原（前475—前221年）

变法与图强，七雄逐鹿	070
三家分晋	070
魏国百年霸业	074
李悝变法	076
田氏代齐	079
楚国吴起变法	081
商鞅变法	084
齐威王"以令天下"	087
孙庞决战	091
赵武灵王胡服骑射	095
燕昭王金台招贤	098
苏秦合相六国	101

张仪连横霸秦 105

第一位秦王秦惠王 108

乐毅破齐 112

蔺相如完璧归赵 114

屈原投江 117

长平之战 120

吕不韦"奇货可居" 123

秦王嬴政亲政 128

荆轲刺秦王 131

战国文化与百家争鸣 137

墨子的"兼爱""非攻" 137

亚圣孟子 140

逍遥之祖庄子 142

法家集大成者韩非 146

春秋

铁马金戈铸就的尊严(前770—前476年)

王权衰落与大国争霸

平王东迁

西周中期以后,周王朝实力急剧削弱。到了西周后期,"烽火戏诸侯"的周幽王大失民心,在西北戎狄诸族来袭时因无人救助而国破身亡。他的儿子周平王登上王位后,情况也没有出现好转,只得被迫于公元前770年迁都洛邑。至此,王权衰微,各诸侯国开始争夺霸主之位,不再听从王室的号令。周王室的尊严荡然无存。

申侯引戎人破镐京

周幽王为博宠妃褒姒一笑,居然玩起了"烽火戏诸侯"的把戏。这件事使得各诸侯非常不满,幽王也从此失去他们的信任。此后,幽王又固执地将褒姒册封为后,立褒姒的儿子伯服为太子,废黜了申后及她的儿子太子宜臼。不堪受辱的申后与宜臼逃回申国,申国君主申侯见自己的女儿及外孙如此

周平王塑像

骊山烽火台遗址

惨状，震怒不已，便于公元前771年与缯国以及西北地区的戎人联合起来，借兵1.5万，大举进攻王都镐京。幽王慌乱之急忙命人点燃骊山烽火台。诸侯们虽然瞧见了燃起的烽火，却担心再次被愚弄，都按兵不动。结果幽王和太子伯服命丧于戎兵手中，吓得瘫在车中的褒姒被戎兵抓走。至此，西周覆灭。

得知戎人攻入镐京的实情后，一些诸侯才急急忙忙地带领部队前来救驾，将戎兵赶出王都。此后，在鲁国国君和许国国君的拥护下，废太子宜臼被迎立为周平王。

迁都洛邑，诸侯争霸开始

幽王之乱后，戎人仍然威胁着镐京。深知已无力抵抗

平王东迁雕塑

戎人的周平王见镐京损坏严重,产生了将都城迁往洛邑的想法。得知平王此意后,众臣哗然,反对之声此起彼伏。但周平王对此都不予理睬。公元前770年,平王迁都洛邑,这就是历史上著名的"平王东迁"。东周的前一阶段,即春秋时期由此开始。

"周之东迁,晋郑是依"之说证明,当时如果没有得到诸侯国的支持,周平王仅靠自身实力是无法完成东迁的。在这次东迁中出力最大的属晋、郑两国,他们的功劳也为春秋时期各自的霸业打下了坚实的基础。在洛邑建都之初,周王室只能依仗晋、郑等诸侯国的力量艰难地维持着。平王为了感谢在东迁中出力颇大的秦、晋、郑等国,将岐山一带的土地送给了秦伯,又将河西一带的土地赠给了晋文侯。东周初期,周王室还拥有现在陕西东部至豫中一带的领土。但是多年以后,真正属于王室的领地就仅仅只限于洛阳周围的几百里了。

因此，进入春秋时期后，周王室的处境就如同那些小国一般，不得不依附于这些日益强盛的诸侯国。从此以后，各诸侯国为争夺霸权而相互兼并、厮杀不断的状况一直持续了五百多年。

郑庄公"克段于鄢"

在春秋初期有一个非常重要的诸侯国——郑国。当初，郑武公娶回了申国国君的女儿武姜为妻。武姜替郑武公生下了长子庄公和次子共叔段两个儿子。生庄公时武姜难产，差点儿死掉，所以武姜不喜欢他，而十分疼爱共叔段，武姜多次向郑武公请求立共叔段为太子，但武公都没有答应。

公元前743年，庄公在武公去世后即位，史称郑庄公。他掌权初期不动声色地"克段于鄢"，之后尽心治国，终使郑国成为春秋早期一大强国，称雄中原，甚至使周天子威信扫地，其势之盛，莫可挡也。

（郑国）莲鹤方壶

"多行不义必自毙"

庄公当上了郑国国君后，其母亲武姜请求他把富饶的京地分封给弟弟共叔段,庄公允诺了。共叔段也因此被称为"京城太叔"。共叔段到了京地后,立即开始招揽人马,制造武器,积蓄力量。

大夫祭仲看出武姜和共叔段别有用心,便劝庄公把共叔段安排到相对容易控制的地方,遏制其势力的发展。庄公却说:"我此刻无法下手除掉他。不仁义的事情做多了,必定会自取灭亡!我们姑且看着吧。"

没过多久,共叔段又强制西边和北边的城市听命于他。大夫公子吕面请庄公立即铲除共叔段,以防他起兵造反。庄公说:"用不着这样做,再过一段时间他就会尝到苦果了。"

后来,贪婪的共叔段又把一些本来属于双方共管的边邑收为己有,一直把领地扩张到了廪延。公子吕又一次面请庄公:"共叔段已经占据了太多地盘。他的势力这样扩张下去,就会得到更多百姓的拥护。"庄公说:"不行仁义之事的人,自然就不会有人拥护,纵使地盘再大,也终有崩溃的一天。"

事实上,共叔段的不断挑衅,郑庄公早就看在眼里,记在心头。但作为国君,他不能轻易地将自己的喜怒表现出来。而且共叔段毕竟是自己的弟弟,如果因为他那一点点不合规矩的行为就对他加以惩处,这有悖悌

(春秋)兽目交连纹匜

多行不义必自毙

之礼义,难免遭人非议。反过来又想,自己如果一直这样迁就他、纵容他,等他做出更出格的事,他的野心不就会随之暴露无遗吗?因此,庄公才一再忍让。

到了公元前722年,共叔段开始修建城池,储备粮草,制造武器,训练士兵,时刻准备偷袭郑国国都。武姜也做好了准备,预备为他打开城门。庄公得知了共叔段偷袭都城的日期,立即召见了公子吕,对他说:"可以动手了!"他命公子吕率战车二百乘去袭击共叔段的封地京地。京地百姓背叛了共叔段,共叔段无奈之下只得逃到了鄢地,但庄公紧追不舍。农历五月二十三日,共叔段出逃到共国,最终在那里结束了自己的性命。在国内,庄公也将勾结共叔段密谋篡位的母亲武姜软禁了起来,彻底除掉了引起内乱的隐患。

远交近攻的首创者

处理好内政后,庄公致力于国家经济和军事的发展,使郑国异军突起,成为强国。当时的庄公承袭卿士职务,在朝中权力颇大,甚至可以借天子之名讨伐其他诸侯,扩大自己的势力。平息了共叔段、武姜叛乱的第二年,庄公起兵攻打邻国卫国,走上了扩张的道路。

当时,郑国在版图上的地理位置是北邻卫国,东邻宋国,而这两国与郑国之间关系并不融洽。一旦发生战争,尤其是卫、宋两国同时进攻,那么郑国会腹背受敌。

权衡再三后,庄公制定了"远交近攻"的策略。远交近攻,即联合那些距离较远的诸侯国共同攻打邻近自己的国家。公元前721年,郑庄公以周王室卿士的身份邀请鲁

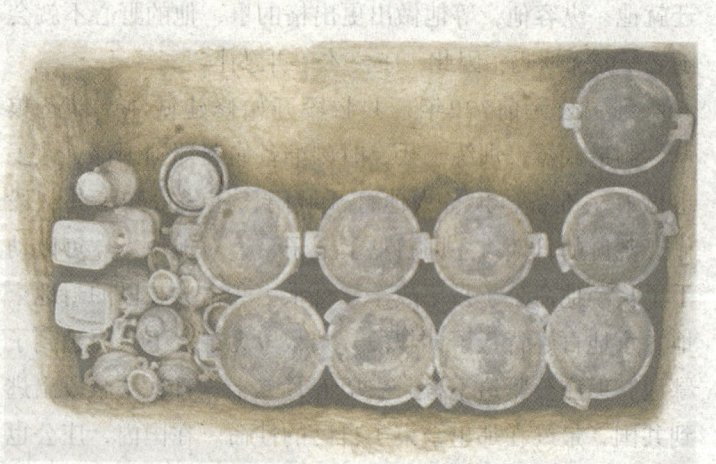

郑国公举行大典用的祭祀坑

国、邾国同时出兵攻打卫国；之后，又分别与鲁、邾、齐三国结成联盟。郑庄公的这一举措，使得他在与东方诸国的外交上获得了主动权。

此后，齐国准备出面调和已经积怨很深的郑、宋两国。郑庄公为了拉拢齐国便顺水推舟，在公元前715年与宋、卫两个邻国结为盟国。齐国国君对此大为满意，主动加强了与郑国的往来。如此一来，郑国与齐、鲁、邾三国的"远交"关系得到了进一步的巩固。

（春秋早期）青铜鼎

公元前714年，郑庄公命令各诸侯联手攻打宋国，鲁、齐两国积极响应。宋国寡不敌众，国都很快落入了联军的手中。可是没想到宋、卫联军也乘机进入此时城内空虚的郑国国都，郑国被迫退兵。宋、卫联军见势又联合蔡国准备除掉依附郑国的戴国，给郑庄公制造更大危机。

见形势不利，郑庄公立即将攻占的两个宋国小城送给了鲁国，然后假借救援名义率兵进入戴国。宋、卫、蔡联军不敌郑军，被迫退兵，郑庄公便趁机夺取了戴国的大权。紧接着，郑庄公乘胜追击，接连攻破郕、许两国，又撤兵回宋，大败宋军。一时，郑国军队声名远播。卫国见盟友宋国战败，无奈之下也主动向郑国求和，郑庄公中原霸主的地位由此确立。

繻葛之战败天子

郑庄公的实力日益强大,令天子周桓王深感不安,与庄公的关系变得越来越紧张。

公元前712年,周桓王使用了西周天子予夺封地的权力,削减了郑国的领土。之后,他又罢免了庄公的左卿士之职。庄公见桓王处处针对自己,改变了之前一再忍让的态度,在罢官后连续五年不朝见周桓王,也不再向王室进贡。

见郑庄公如此傲慢无礼,恼怒的周桓王决定亲自讨伐郑国。公元前707年,桓王命令陈、蔡、虢、卫四国派兵联合伐郑。见周天子带着重兵来攻,郑庄公也立即率军前往繻葛应战。战斗打响后,庄公以逸待劳,命令士兵首先攻打兵力较弱的陈国军队,很快全歼陈军,吓得蔡、卫两国的军队仓皇收兵,不战而退。见战术奏效,庄公又下令军队全力攻打桓王主力,周军节节败退,士兵纷纷弃甲而逃。郑军乘胜追击,将领祝聃甚至一箭射中了桓王的左肩。最终周军大败,郑庄公扬威天下。

桓王败走繻葛后,善于谋略的庄公立即命大夫祭仲前往周朝探视桓王和他的属下。繻葛一战到此结束,但各诸侯国之间激烈的争斗才刚刚开始。

春秋荆楚第一王

在周王统治天下时,诸侯敢于僭号称王的第一人,就是楚国公子熊通。他使楚国结束了对周王朝的朝贡臣服关系，踏上了独立自主的发展道路。他创县制，改官制，置陈兵之法，进行了一系列改革，并以武力不断充实楚国的发展根基。在他的努力下，楚国以挺拔的身姿傲然屹立于江汉流域。

灭权伐随，威慑中原

熊通是春秋初期楚国国君熊坎的次子。公元前741年，熊通的哥哥、时任楚国国君的熊旬病逝，将王位传给自己的儿子。但心怀大志的熊通突然发动了一次宫廷政变，占领楚都丹阳，捕杀熊旬之子，自立为楚君。

熊通自立后，一方面安抚楚国贵族，另一方面大力发展经济。在赢得国人拥戴、巩固政权后，他利用先君"甚得江汉间民和"的有利形势，积极开始向周围开拓疆土。坐上王位还不到三年的熊通，就率兵渡江，攻打南阳盆地一带周王室设立在汉水北面的重镇，但没有成功。回国后，熊通养精蓄锐，又带领军队消灭了地处江汉平原西部国土面积较小、国力强盛（楚国）螭虎天圆地方龙鹿纹灯台的权国,并设权国为权县,让权国国君斗缗做这里的县尹。

曾是一国之君的斗缗哪肯屈服于人而做个小小的县尹?没过多久,他就起兵造反。消息传来,熊通立即派兵前往镇压。叛乱平定后,熊通把权县所有人全部迁移到平板。鉴于斗缗这次教训,此后楚国只要消灭一个国家,首先就会把当地的贵族迁出,押到楚国来严加看管;所灭之国均设为县,再在当地重新选拔人才,沿用当地风俗进行治理。

在熊通的努力下,楚国日渐强大,以至于中原大国也惴惴不安,连离楚地很远的蔡、郑两国都十分惧怕楚国。为了进一步提高自己的地位,他决定派兵攻打地处楚国北边、对周王室有一定影响力的姬姓诸侯国——随国。

(春秋)青铜戈

"王不位我,我自尊"

公元前706年,熊通趁着随国农业歉收、朝政混乱之际,迅速出兵北上,攻打随国,目的是想迫使姬姓随国成为楚国的附属国,以便借随侯之口向周天子要求封号。不过,动武之前,熊通先派出他的侄儿熊章去见随侯,请求与随国订立盟约。面对一向强硬的楚国大军,随侯别无他法,只得派出少师去与熊通和谈。和谈中,熊通隐晦地说了番要效忠周王朝的话,实际是表示自己要介入中原政局，并要挟随国游说周王为楚国晋升封号。随侯无奈，便答应亲赴周朝为之周旋，楚国才退兵。

然而，随国的大臣们深知楚国的阴谋，纷纷表示反对。于是随侯回国后，立即派使者去回复楚国，拒绝了他们的要求。

熊通自立为楚武王

熊通得到回复后怒不可遏，大吼道："王不加位，我自尊！"公元前704年，楚国国君熊通自立为楚武王，成为诸侯僭号称王的第一人。当初周武王分封诸侯时，楚国只不过是地位不高的子爵，现在却敢于称王，这不仅让周王，也让华夏各诸侯、蛮夷首领们震惊。

为了明告天下，树立国威，熊通称王后，便邀了一些诸侯准备在沈鹿会盟，以扩大自己的影响。可不曾想，离会盟地很近、又作为"汉阳诸姬"之首的随国这次竟没有赴约。武王觉得随国这样做，分明就是看不起自己。

沈鹿会盟结束后，武王率领军队挥师北上，又一次攻打随国。随军损兵折将，一败涂地。楚国大夫斗伯比建议武王留住随国，并让随侯在承认错误后立即与楚国结盟。

此后,两度受到攻打的随国再也不敢得罪楚国了。公元前701年,汉水东面诸国基本上都被楚国降伏,楚国俨然成了汉东霸主,没有人再敢与之抗衡。

随国向楚王俯首称臣之事,让周天子非常恼怒。公元前690年,他责问随侯为何要侍奉楚武王。遭受责难的随侯在此之后,又渐渐改变了对楚国的态度。武王怒不可遏,遂第三次挥师伐随,却因病而猝死途中。

(楚国)楚式鼎

公元前689年,楚武王的儿子熊赀即位,史称楚文王。楚文王同样是一位具有远大抱负的国君。在当政时期,他下令迁都郢,并挥师北上,继续拓展楚国疆域。后来,楚国和齐国逐鹿中原,书写下气势恢宏的大国篇章。文王离世时,已经为楚国成为地广物博、人口众多的强国奠定了基础。

齐公子小白诈死得君位

齐襄公掌权时期,齐国国政混乱,国君被杀,君位空缺,襄公的两个兄弟公子纠和公子小白都欲回国争位。公子小白半路佯死,争取到时间,抢在公子纠之前回到了齐国，成功即位。小白就是春秋五霸之一的齐桓公。

齐国内乱，公子争位

周王室一统天下之时，周武王将临淄分给大功臣姜太公为封地，姜太公在此建立了疆域辽阔的齐国。之后，君权经历几代，齐国一直太平安定。

但自荒淫无道的齐襄公即位后，齐国的统治岌岌可危。

公元前686年农历十二月，对齐襄公一直怀恨在心的公孙无知联络大臣连称、管至父等人起兵造反。叛军杀襄公于宫中，公孙无知自立为君。次年二月，还没坐稳君位的公孙无知便被杀死了。之后，齐国君位空缺，国政越发混乱。

齐襄公有公子纠、公子小白两个兄弟。当年，齐襄公与他的妹妹文姜谋杀鲁桓公时，小白的老师鲍叔牙预感齐国即将发生大乱，便保护小白出逃到了南面的邻国莒国。而公子纠也在颇有远见的大臣管仲和召忽的保护下逃到了其母亲的家乡鲁国。

得到国内君位悬置的消息后，小白同鲍叔牙驱车不分昼夜地向齐国进发。鲁庄公也得到了公孙无知被杀的消息，便急忙发兵护送小白的哥哥公

（春秋）公般

玉带钩

子纠回国夺取君位。二人展开了一场继位赛跑。

小白诈死,抢得先机

心思缜密的管仲知道莒国离齐国更近,小白会捷足先登。想要抢得先机,就必须阻止小白一行人的行动。于是,管仲向鲁庄公借三十名精兵,日夜兼程,终于在半路上追上了公子小白的队伍。

管仲趁小白不备,一箭射向小白的胸口。小白一声惨叫,吐血倒在了车上。众人都被唬住了。得手的管仲一行迅速逃去,只听得背后哭声一片。

管仲并不知道,自己射出的那一箭被小白身上的衣带钩挡住了,居然没能杀死他。而公子小白怕管仲再射出第二箭,便十分机警地立即咬破舌尖,喷血装死。鲍叔牙为防管仲一党得知小白未死再次来袭,将计就计,安排大队人马举丧前行,自己则带着小白乘小车在为数不多的几个士兵的保护下,日夜兼程,最终到达了齐国,并且在齐国贵族国、高两氏的拥立下成为齐国国君。

而管仲以为小白已死,再无人有资格与公子纠争夺王位了,所以和公子纠放慢了行程,不慌不忙往临淄而去。到了齐国后,管仲与公子纠才得知小白已占得先机,便驱车逃回鲁国。

见公子纠沮丧而回,鲁庄公勃然大怒,决意派兵进攻齐国,想通过武力帮助公子纠夺回君位。这一战,鲁庄公大败而回,从此鲁国与齐国结下了深仇大恨。

齐桓公称霸

齐桓公在老师鲍叔牙的建议下,以德报怨,任用了杰出的政治家管仲为宰相,大刀阔斧地改革内政,使齐国国力大增,一跃成为雄视天下的中原霸主。

不计前嫌,任用贤相

齐桓公即位后,在鲍叔牙的指点下,以武力相威胁,迫使鲁国杀死了公子纠,并引渡了管仲。

鲍叔牙与管仲虽然各为其主,却是私交甚好的朋友。二人在年轻时就结下了深厚的情谊。管仲曾多次在人前感动地说:"生我者父母,知我者鲍子也。"

现在,管仲作为囚徒回到齐国。鲍叔牙决定把管仲推荐给齐桓公。他面见齐桓公,委婉地说出了自

(春秋)带钩

己的想法。对一箭之仇耿耿于怀的齐桓公听后大怒。鲍叔牙劝导他说:"管仲射你一箭,那是各为其主,因为他是公子纠的师傅,当然为公子纠着想。但他有治国安邦的大智,您若能宽宏大量,不计前嫌,真正启用管仲,何愁霸业不成!您要是只需治理齐国,用我为相就足够了;但要是想称霸天下,就非用管仲不可!"

齐桓公知道鲍叔牙之所以几次三番地举荐管仲,

管仲像

定是因为此人确有常人难及之处。齐桓公也是一个有鸿鹄大志的人,最后还是捐弃了前嫌,拜管仲为宰相。管仲原以为自己必死无疑,不料得遇明君,便不负齐桓公的厚望,全心全意地协助齐桓公进行改革,为齐国开创了民足国富、社会安定的繁荣局面。在管仲的提议下,齐桓公打出了"尊王攘夷"的旗号,以诸侯长的身份联合各诸侯国四处征战,九合诸侯,逐步树立自己的威信。

尊王攘夷,分沟礼燕

在春秋时期,居住在北方的戎狄常南下劫掠中原各国,华夏各族对其痛恨不已,位于最北方的遭受攻击最多的燕国更是恨他们入骨。

公元前664年,北方的山戎再次南下,数万铁骑攻进燕国。困守都城三个月的燕庄公难以支持,于绝望中派快马冒死突围,向齐桓公求救。当时,齐国在齐桓公的治理下,已一跃成了中原大国。齐桓公为了彰显自身实力,早就提出"尊王攘夷"的口号,要求各诸侯国尊重周王,团结起来抵御戎狄、蛮夷等少数民族的侵扰。接到燕国的求救信后,齐桓公听从管仲的意见,决定亲自出征,倾全国之兵来援助燕国。

山戎听闻齐军杀到,忙卷起掳掠之物仓皇而去。齐桓公又与燕国合兵,全力追击,直捣山戎巢穴,歼其主力,并追击山戎首领至孤竹国,大胜而还,彻底消除了山戎对中原的威胁。

齐桓公凯旋,到燕国后,把得之不易的原山戎、孤竹国的全部土地赠送给了燕君。齐国大军离燕返齐时,感恩戴德的燕庄公亲自相送,送了一程又一程,不经意间已进入齐境五十里。分手时齐桓公突然想到周礼规定"非天

(春秋)山戎人的羊形带钩

子，诸侯相送不出国界"，便就地划沟为界，割燕君所至之地归于燕国。

这次齐桓公率兵亲征，救燕于危难之中，又慷慨地将山戎、孤竹国之地送与燕国，最后还分沟礼燕，显示了他的霸主风范。齐桓公的行为赢得了广大诸侯的信任，威望大增。

九合诸侯，葵丘会盟

当初制定"尊王攘夷"总方针的时候，齐桓公雄霸中原的欲望已经非常强烈。管仲向他建议："大家地位平等，我们有什么理由去召集诸侯？没有人会听您的。王室虽然衰弱了，但周王名义上仍然统领诸侯。只有尊重周王室，承认周天子作为天下共主的地位，同时联合各诸侯的力量，共同抵御游牧部落的进攻。一国有难，众人支援；一国不服，合力共诛。这样才能扩大自己的威信。现今的周王刚刚登基，您可以命人前去祝贺，然后向他进言说宋桓公刚即位，正逢宋国国内大乱，需要借用周王的名义表示支持，以明确宋桓公的地位。这样，您就可以利用天子的名义来号令诸侯了。"齐桓公听罢大喜过望，即刻派使者前往。

齐桓公塑像

周釐王即位时，王权衰落，门庭冷落，几乎没有什么人前来朝贺。这时见到齐桓公的使者，周釐王当然十分高兴，觉得齐桓公给足了自己面子。齐国使臣提出的小小要求，周釐王立即就答应了。

公元前681年，得到周王消息后的齐桓公兴奋不已，立即以天子之名发出会盟通告，邀约各诸侯国国君到齐国北杏共同商定宋君之事。但王命发出后，只有宋、陈、邾、蔡这些小国如期而至，鲁、卫、郑、曹等国都还处于观望状态。

葵丘会盟台遗址

见会场冷冷清清，齐桓公便想更改会盟时间，管仲立即制止他说："此时改期不就是失信于人吗？现在已经来了四个国家，完全可以进行会盟。"齐桓公觉得有理，便与四位国君会见商谈。会上，因齐桓公握有周王令，诸国国君都纷纷推举齐桓公为盟主，并且还订立了盟约。

这次会盟总算圆满结束了。此后，齐桓公为了树立霸主威严，出兵消灭了失约的几个国家，打败了实力比较强大的鲁国和郑国，还逼迫他们承认齐国的霸主地位。公元前679年，齐桓公再次在鄄地召开盟会，各诸侯国积极响应。在这次会盟中，齐桓公的霸主地位得到众人认可。

周惠王晚年时，想废黜现任太子，改立王子带为储君。太子郑得到消息后便求助于齐桓公。公元前652年，周惠王驾崩，各诸侯和周朝的卿大夫们在齐桓公的号召下于洮结盟，合力助太子郑巩固了地位，平息了王室内乱，并扶持太子即位，史称周襄王。

公元前651年，鲁、宋、郑、许、曹等国接受桓公邀约，在宋国葵丘会盟，招待周王来使。与会各国共同订立了盟约，要求缔约各国友好相待。齐桓公作为霸主一共主持会盟多达九次，葵丘之会是最后一次。因此在历史上，齐桓公称霸中原的过程也被称为"九合诸侯"。

周襄王为了感谢齐桓公的帮助，特地派使者宰孔赶赴葵丘之会，还让宰孔将祭祀太庙的祭肉带给了齐桓公，算是一份厚礼。这意味着齐桓公的霸主地位得到了周天子的认可。

然而到了晚年，特别是管仲死后，齐桓公志得意满，受到易牙、竖刁、开方等奸臣的蒙蔽，最终饿死深宫，陈尸六十七天不得入殓。而他死后，齐国出现六君争位、四君被杀的混乱局面。齐国的霸业随之灰飞烟灭。

骊姬倾晋

晋国国君晋献公励精图治，为后来晋国称霸中原打下了坚实的基础。然而他惑于宠妃骊姬，为立骊姬之子奚齐为太子竟杀掉了原太子申生，赶走了公子重耳和夷吾。原来，晋献公登基后，他的夫人未育子女，妃子齐姜育有一子一女，即儿子申生和后来做了秦穆公夫人的穆姬，献公便立长子申生为太子。后来，他又娶狄国女子大戎狐姬和小戎子为妃，狐姬生子重耳，小戎子生子夷吾。公元前671年，晋国打败骊戎，骊戎献骊姬姐妹求和。骊姬和妹妹少姬嫁到晋国后，深得晋献公宠爱。后来，骊姬为献公生了个儿子，取名奚齐；少姬也生了个儿子，叫卓子。公元前651年，晋献公病危，嘱托大夫荀息主政，辅助幼子奚齐继位。献公去世后，他的子孙为争夺君位，使晋国陷入了一片混乱。此后，晋国便不再立公族子孙为贵族，出现了"晋无公族"的局面。

害太子费尽心机

西周天子周成王在位时，将山西汾河以东方圆百里的唐地分封给了自己的弟弟叔虞。其后，叔虞的儿子将都城移至晋水的岸边，改唐为晋。晋国从叔虞开始，一直到第八代的晋穆侯，无一不是由嫡系子孙继承君位。公元前678年，晋国曲沃地区的宗室贵族武公起兵打败国君晋侯缗，篡位成功，称晋武公。两年之后晋武公病逝时，晋国已开始崛起于中原。武公之子诡诸登基，史称晋献公。晋献公执政后大展身手，积极拓展国家疆域。他巧用假途伐虢之计，消灭了阻碍晋国称霸中原的虢国和虞国。

然而在晚年，晋献

（晋国）晋姜簋

公迷恋骊姬。骊姬以美色取得了晋献公的专宠，生下儿子奚齐后，她便想废去太子申生，让晋献公立奚齐为太子。但她知道即使除掉申生，比奚齐年长的重耳和夷吾仍会阻碍奚齐继位。于是她日夜思索，一心想要除掉他们兄弟三人。最后，她决定借助大臣们的力量把太子申生调出京城，然后蛊惑献公废除太子。

（晋国）玉鹿

骊姬买通了晋大夫梁五等人，让他们劝晋献公把太子申生和公子重耳、夷吾派到国都外担成守之任。在骊姬及大臣们的鼓动之下，晋献公果然中计，将太子申生派往曲沃，公子重耳、夷吾也分别被派到了蒲城和南北二屈。

将太子申生赶出国都后，骊姬便隔绝了献公与太子之间的联系，接着派人对献公挑唆道："我听说，申生已在曲沃收买人心，恐怕要对您不利。"献公闻言勃然大怒，虽然还没有想杀太子，但也对他有了看法，不再像以往那样亲近了。

骊姬见有机可乘，立即命人上奏，鼓动晋献公立奚齐为太子。见献公在这件事上犹豫不决，骊姬再下狠心，鼓动献公让太子申生领兵前去攻打戎狄，欲借狄人之手除掉

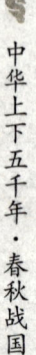

申生。然而此次出征，申生率军大败狄军，得胜归来。见借刀杀人的计划失败了，骊姬不甘心，派人制造谣言道："太子兵权在握，将会生出事端。"晋献公轻信谣言，便逼申生交还兵权，重回曲沃。

这时，晋献公已决心废除太子申生，立骊姬之子奚齐为储君。可是，骊姬听了晋献公的话却出言阻止。原来，骊姬深知如果申生不死，自己的儿子即使得到太子之位，未必就能坐稳。现在时机还尚未成熟。

投毒栽赃，置之死地而后快

一次，骊姬借晋献公之名传话给申生说："昨晚君王梦见了你的母亲齐姜，说你可以在曲沃祭祀她了。"申生立即依命行事，按照晋国规矩先将祭祀用的祭品送给献公。骊姬趁献公打猎未归，在申生送来的酒肉中下了毒药。待到献公回来欲食用时，骊姬假意劝阻道："这些食物都是太子从宫外送来的，先检验一下再吃不迟。"献公同意了。命人把酒倒在地上，结果地面立即被腐蚀了；再把肉拿去喂狗，没过多久狗就死了。献公以为太子想害自己，勃然大怒，喝令手下斩杀了太子师傅杜原款。无辜的太子也被迫自缢身亡。

太子申生一死，骊姬又诬陷公子重耳和公子夷吾也参与了申生的阴谋。昏聩的献公立即命人捉拿二人，两位公子被逼无奈，只得逃往狄国和梁国去了。

公元前651年，晋献公病重，临终前任命大夫荀息为辅政大臣，并将公子奚齐托付给他。晋献公去世后，他的儿

骊姬下毒诬申生

子们开始争权夺位，晋国陷入了混乱，国力大伤。

　　骊姬为了让自己的儿子奚齐登上太子宝座，引发了混乱，史称"骊姬倾晋"，迫使太子自杀，公子重耳和夷吾出逃国外。此后，晋国便不再立公族子孙为贵族，出现了"晋无公族"的局面，无力制止异姓卿大夫犯上作乱，为后来赵、韩、魏三家分晋埋下隐患。

流亡公子重耳

晋献公病逝后,晋国大乱,公子夷吾从梁国赶回晋国夺得君位。此后,夷吾欲除掉重耳,重耳不得不再次踏上了流亡之路。在流亡中,重耳历经千辛万苦,在贤臣良将的帮助下,一直等待机会返晋以成就大业。公元前637年,在外流亡了十九年后,重耳终于在秦穆公的帮助下返晋夺权。公元前636年,重耳登上晋国君位,史称晋文公。晋文公起用了曾跟随他流亡多年的赵衰、狐偃等贤臣,大力发展国家经济,增强军事实力,并实施了许多利民政策,使百姓生活安宁,国家越发强大,具备了称霸中原的实力。公元前632年,城濮一战,晋国大败楚国,称霸中原,晋文公成了继齐桓公后的第二任霸主。

留狄十二年

公元前656年,公子重耳、夷吾二人因遭受诬陷而被迫出逃。重耳在国内威望很高,狐毛、狐偃、赵衰、先轸、介子推等贤臣良将也追随他离开晋国,逃到了重耳母亲大戎狐姬的家乡——狄国。

(春秋)玉璧

见晋国公子重耳带领众多精英前来,热情的狄国国君以礼相待,让他们在狄国住得十分舒服,还将俘虏的两个赤狄隗姓美女分别嫁给了赵衰和重耳。不久,晋国大乱,

(南宋)李唐《晋文公复国图》局部

大臣里克连弑二君。骊姬之子奚齐和少姬之子卓子接连被杀后,君位空悬,里克派人前往狄国迎接重耳回晋。重耳推辞道:"父亲活着的时候我逃出了晋国,父亲去世时我也没有奔丧,你叫我有何颜面回去呢?"

不久,重耳的弟弟夷吾被接回了晋国,并在秦穆公的扶持下即位,史称晋惠公。晋惠公执政后,认为重耳威望很高,能力又比自己强,害怕他回国后夺权篡位,于是下令不准重耳返回晋国,还派人前往狄国刺杀他。在晋惠公的逼迫下,已经五十五岁的重耳又逃往齐国。

入齐掉进温柔乡

历经千辛万苦,饱受折磨的重耳一行终于到了齐国。在政治上素有真知灼见的齐桓公热情地招待了他们,还把齐国公室的女子姜氏嫁给了重耳。转眼就是七年,重耳的跟随者们都想帮助重耳回国以成就伟业,但重耳自己却安于现状，沉湎于温柔乡中，不愿回晋国。贤惠的姜氏得知随从们的意思后不断地劝重耳回国，可重耳怎么也听不进去。于是，姜氏向他的随从们开诚布公，然后合谋将重耳灌醉，由随从们把他带上车，离开了齐国。走了很远重耳才醒来，见已远离了齐国，只得无奈地领着大家继续流浪。

楚王宴席上的承诺

重耳等人离开齐国后先后到过曹国和郑国，这两个国家都对他们很无礼。

受辱后一行人终于绕道行至楚国，楚成王以迎接国君的礼仪接待了他们。一日，楚成王与重耳一起吃饭，席间成王问道："假如有一日你得以回国执政，将如何报答我？"重耳想了想，回答道："如若真能当上国君，那我愿意与楚国世代交好。万一出现两军对垒的情形，我定会率领晋军退避三舍（一舍约等于三十里）。若您仍难谅解，到那时我才会与您刀兵相见。"楚国令尹子玉听见后很生气，便劝成王除掉无礼的重耳，但楚成王没有采纳他的意见。他觉得重耳是受到上天眷顾之人，虽然在外流亡很长时间了，但跟随他的这批贤臣良将却一直不离不弃，可见他将来一定大有作为。

（楚国）彩绘蟠螭纹漆簋

当时的晋国，在秦穆公的支持下，晋惠公、晋怀公父子相继即位为晋君，但他们都没有报答秦穆公的大恩，反而与秦国作对。秦穆公大怒，便命人打探晋公子重耳的行踪，然后派使者去楚国接重耳来秦国。

临别时，楚成王跟重耳说："楚、晋两国相隔甚远，我无法送您回去。如今秦国派大将公孙枝接您去秦国，秦国与晋国相邻，只有一水之隔，您尽管前去。再过不久，您就能回到自己的国家了。"重耳十分感激楚成王的安排，便随公孙枝前往秦国，重耳的命运也随之改变。

喜结秦晋之好，获得强力支持

重耳逃亡在外时，秦穆公从梁国接夷吾返晋登基，可夷吾却恩将仇报。公元前645年，他见秦国出现饥荒，便率兵攻秦，但晋军大败，晋惠公被俘。做了俘虏的晋惠公连忙向秦穆公认错，同意割河西五座城邑给秦穆公，还愿送自己的儿子太子圉到秦地做人质。秦穆公的夫人，也就是晋惠公的异母姐姐穆姬也不断替他说情，两国才重修旧好。其后，秦穆公将自己的女儿怀嬴嫁给了到秦地来做人质的公子圉。公元前638年，晋惠公病重，公子圉怕君权旁落，便偷偷跑回晋国。次年，公子圉登基，史称晋怀公。晋怀公即位后，立即宣布与秦国断绝关系。秦穆公气急之余，命人寻找流亡在外的公子重耳，并把他从楚国接回秦国，欲立他为晋国新君。

秦穆公亲自接见了重耳等人，还想把自己的五个女儿都嫁给重耳为妻，其中包括曾经嫁给公子圉的怀嬴。此时重耳已六十有余,和秦穆公年龄相仿。细细想来,重耳觉得如果应下这门亲事,在将来晋、秦两国的交往上肯定对自己不利,更何况怀嬴还曾是自己的侄儿媳妇,娶了她有违礼数。因此,他想谢绝秦穆公的好意。臣子赵衰分析说,如果与秦国联姻,定能增强自己的实力,秦国一定会帮重耳登上君位,所以应不拘小节,顾全大局。重耳采纳了他的意见,答应了秦穆公。

以后,秦穆公便把重耳当作自己人对待。此时,晋怀公与臣子间互相猜疑,攻杀不断,晋国内乱不止。秦穆公抓住时机,于公元前636年率兵车四百乘送重耳返晋夺位。到了黄河边,秦穆公派遣一半兵力随同重耳过河,另一半

秦晋之好

则留守河边等候接应。在大夫栾枝等人的帮助下，重耳带领军队攻占了晋都，杀掉了逃跑中的晋怀公，夺得了君权。62岁的重耳在历经磨难后，终于登上晋国君位，即晋文公。

宋襄公"不鼓不成列"

齐桓公于公元前643年惨死宫中，他的五个孩子争位夺权，齐国大乱。到了公元前642年，齐国太子昭在宋襄公及曹、卫、邾三国的扶持下，攻齐夺位，成为齐孝公。此时，宋襄公欲趁齐国混乱之际夺得霸主地位。但他冥顽不灵，大谈仁义道德，"不鼓不成列"，错过了争霸的先机，还给后人留下了笑柄。

不自量力，欲图称霸

齐桓公去世后，易牙、竖刁、开方三个奸臣便扶持公子无亏继承君位，当初齐桓公所立的太子昭被迫逃亡到宋国，恳求宋襄公替他主持公道。

宋国当时的国力较弱，宋襄公也是个资质平庸之人，但他却不自量力地想夺得霸主之位。他认为太子昭此时前来投奔他，正是上天赐给自己的良机，便立即决定让太子昭

（齐国）陶瓦当

留在齐国。

公元前642年,宋襄公欲送太子昭返回齐国继位,他邀请各诸侯国共同出兵相送,以壮声威,但由于宋襄公在诸侯国中的声誉和影响力都太小,大多数的诸侯国对他根本不予理睬,只有卫、曹、邾三个比宋还小的国家应邀前来。宋襄公只得率领四国联军向齐国进发。联军长驱直入,见形势不利,齐国众臣集体向联军投降,合谋把公子无亏杀了,扶持太子昭即位,史称齐孝公。

盲目自大,会盟受辱

太子昭在齐国顺利登基后,宋襄公自以为完成了震惊天下的大事,觉得此时是宋国树立威望、称霸中原的时候了。他想召开盟会,借此来确立自己的盟主地位,强迫小国臣服。他为获得大国支持,便把齐孝公叫来,想和他一起同楚国商量结盟之事。齐孝公表示愿倾全力支持宋襄公,以感谢他当初曾扶持自己继承齐国君位。

(宋国)宋公栾戈

宋国、齐国、楚国的国君于公元前639年春在齐国的鹿地会盟。会盟初始，宋襄公没有提前与齐、楚两国商讨，就擅自拟出了在盂地会盟诸侯、共扶周室的盟约，时间暂定于当年秋天。这种专横的做法，惹得齐、楚两国君主十分不满，可为了照顾宋襄公的面子，他们还是在盟约上签了字。

盂地会盟之日已近，宋襄公出发前，子鱼劝道："楚国人的信誉不是很好，咱们应当率兵前往，以备不测。"宋襄公过于自大，不听子鱼的劝告。在盟会上，楚成王和宋襄公为盟主之位争执不下。诸侯们见楚国实力强大，纷纷偏向于楚成王。宋襄公恼羞成怒，再欲争辩，却被蜂拥而上的楚国将士抓了起来。曾经野心勃勃的宋襄公，现在反而沦为楚国的囚犯。子鱼趁乱逃脱，回到宋国积极率领宋人抵御楚国的进攻。齐、鲁等国出面协调后，宋襄公才被刚刚坐上盟主之位的楚成王放回了宋国。

"不鼓不成列"，错失先机

脱险归来的宋襄公一心想找楚国报仇雪耻。但楚军实力太强，他也毫无办法。公元前638年，宋襄公邀请卫、许等国联合出兵攻打郑国，想把自己的怒气发泄到臣服于楚国的郑国身上。楚成王闻讯立即发兵宋国。宋襄公措手不及，只得撤军回国，途中与楚军在泓水相遇。

宋国大司马公孙固对襄公说："楚军兵强马壮，我军相对较弱，胜算太小，还是派人去和谈吧。"宋襄公回答道："我军师出有名，是仁义之师；楚军师出无名，是不义之师。哪有不义战胜仁义的道理！没必要和谈。"事实上，楚军实力强大，根本就不把宋军放在眼里，大白天就开始过河。公孙固见状，立刻禀明宋襄公："当楚军行至河中央时，乃是我军击鼓进攻的绝佳时机，这时出击将会胜券在握。"但宋襄公迂腐地说："楚军正在渡河，如若我军前去偷袭，实在有违仁义，这样我们哪还算什么正义之师啊？不待楚军站好队列，我是不会击鼓进军的！"楚军渡过河后，很快就排好兵阵，势如破竹，席卷了弱小的宋军的阵地。楚军士兵发现了正仓皇逃跑的宋襄公，一箭射中了他的腿部。宋襄公在此战中伤势很重，得以保全性命全仗将士们拼死护驾。

宋襄公大败而归，宋国百姓纷纷抱怨说襄公这一仗打得真窝囊。宋襄公却仍然坚信自己的"仁义理论"，辩解道："仁义之师不能趁人危难时出兵，应该以德服人。遇

宋襄公之仁

到受伤的人，就不能再对其施加伤害；遇到老人，就不要抓获，这叫作'君子不重伤，不擒二毛'。"人们听了笑道："打仗的目的就是击败敌人啊！为了怕伤害到敌人而不打不抓，还不如自己投降做战俘！"

晋文公霸业

晋文公即位后大力增强晋国国力，以图霸业。公元前632年，晋楚城濮一战，晋国大胜，晋文公的霸业得以确立。

任贤用能，富国强兵

晋文公执政后公开招贤纳士，并任命随侍流亡的狐偃、赵衰、先轸等人为国家重臣，举贤任能，又任用了许多外来人才。同时，他还听取下属意见推行改革措施，兴利除弊，减轻了人民的赋税负担，大力发展农业、商业和手工业，并把原晋国的两军扩编为上、中、下三军。晋国大治，日趋富强。

公元前638年，楚、宋两国泓水一战，楚国得胜，宋、鲁、郑、陈、蔡、许、曹、卫等国纷纷转投楚国，被楚国掌控。偏居南隅的楚国势力陡然大增，已严重威胁到中原晋、齐、秦等大国的利益。

晋国强大后，宋国因惧怕晋国，就背叛楚国依附了晋国。公元前633年，楚成王出兵伐宋。宋国告急，晋文公于次年出兵攻打与楚结盟的曹、卫两国，以解宋国危机。

退避三舍,大胜楚军于城濮

见晋国出兵替宋国解围,楚成王便命楚将子玉率军撤出宋国。可子玉违令,继续北上攻打晋军。为了兑现晋文公当年流亡楚国时对楚成王许下的诺言,晋军退避三舍,在城濮驻扎下来。晋文公此举,不但避免了与来势凶猛的楚军立即决战,也滋长了楚将子玉的骄盈之气。楚军见晋军撤退,便紧追不舍。而晋军则边退边观察地形,见自己的供给路线已大大缩短,占得先机,决定出兵迎战。

公元前632年,晋、齐、秦、宋组成四国联军,与楚、陈、蔡、郑、许组成的五国联军在城濮列阵交战。晋军下令先攻打敌军右翼的陈、蔡两军,然后又假装不敌向后撤退。楚军孤军深入,遭到晋军全力围剿,楚军大败,子玉狼狈而逃,途中因愧疚自刎身亡。此战后,楚国很长时间都不敢再侵扰中原。

晋、楚城濮一役,晋军大获全胜。后来,晋文公将战场上缴获的战车、抓捕的士兵送给了周王。周王大喜,赏给了晋文公美酒、宝玉等物,还赏赐了红色弓箭和黑色弓箭,以示晋国将拥有自由征伐各国的权力。公元前632年,晋文公在践土会盟诸侯,周王室派遣王子虎前来参加,还册封晋文公为侯伯,其霸主地位正式确立。公元前632年冬天,晋文公在晋国的河阳再度召开盟会,此次连周襄王都应邀到会,晋文公此时的威望已远远超过了当年的齐桓公。

公元前628年冬天,执政九年的晋文公离世后,公子欢登基为王,史称晋襄公。在此后的一百多年内,一直无人

退避三舍

敢与强大的晋国争夺霸主地位。

秦穆公独霸西戎

公元前770年,周平王东迁洛邑。为感谢领兵护送的秦襄公,周平王封其为诸侯,并将难以控制的岐山以东的大片土地分封给他,为以后秦国的强盛打下了坚实基础。秦穆公于公元前659年即位,他踌躇满志,积极进取,对百里奚、蹇叔等贤臣委以重任,改革内政,使秦国的经济、军事均有重大发展,国力越发强盛,威服西戎,称霸一方。

不拘一格,广招人才

在群雄并起的春秋时期,处于西部边陲、国力不强的秦国跟别的大国相比，毫无优势，是一个贫穷落后的国家。但秦穆公胸怀大志，一直都想超过这些强国，称霸中原。可最让他头疼的就是缺乏贤士能人。

于是，秦穆公便命令在全国各地广纳贤能之士，渴望着普天之下的人才都来投靠他。没过多久，就有人禀告他说，原虞国大夫百里奚有治国安邦之才，但是虞国被晋献公灭掉后，他沦为奴隶，逃到楚国，被困在那里喂牛。秦穆公立刻命人到楚国去找百里奚，又担心重金聘请会使

秦穆公智赎百里奚

楚王产生怀疑，便命使臣带五张羊皮到楚王那里交换百里奚。楚王收下那五张羊皮，将百里奚交给了秦穆公。百里奚跟随使臣尽心尽力地辅佐秦穆公，还将自己的好朋友蹇叔推荐给了秦穆公。秦穆公在百里奚、蹇叔二人的辅佐下，采取富国强兵的政策，注重法治，兴利除弊，秦国逐渐强盛起来。

向东受阻，称霸西戎

秦国日渐强大，秦穆公称霸中原之心也越发强烈。郑文公和晋文公在公元前628年相继去世后，秦穆公觉得代晋称霸的时机已经成熟，便趁晋国大丧之际，出兵袭郑。不料在崤山惨遭晋军伏击，全军覆没，孟明视、西乞术、白乙丙三员大将被俘。多亏秦穆公的女儿文嬴，即晋襄公的母亲施计相救，三员秦将才得以逃脱，离晋返秦。身披素服的秦穆公带领众臣，泪流满面地前往郊外迎接孟明视等人，在众目睽睽之下道歉，把所有的过错都揽到了自己头上："都是因为我，才致使三位将军受到如此大辱，你们并没有任何过错！"

在向东发展的道路被晋国阻挡后，秦穆公只能转而向西发展，倾力向西戎进攻。这次，秦国采用了先攻强国再平弱国、

（秦国）秦公鼎

逐步进攻的慎重策略。当时，有很多戎狄居住在现在的陕、甘、宁地区，绵诸、义渠和大荔是其中实力较强的部族，他们经常在秦国的边境上抢掠，致使当地百姓民不聊生。后

（春秋）兽头陶范

来，绵诸王听闻秦穆公是贤德之人，便派遣使臣由余拜访秦穆公。秦穆公非常热情地招待了由余，并从他口中探听到了西戎的地形、地貌、军队等情况。秦穆公发现由余很有能力，便采纳了内史廖的计谋，离间由余和绵诸王之间的关系，最终使由余投靠了自己。秦穆公隆重地招待了由余，并邀他共商统一西戎的大事。

公元前623年，秦国开始积极向西发展，调集秦兵进军西戎，迅速消灭了绵诸，并乘势先后征服了二十多个戎狄小国。秦国拓疆千里，国土南到秦岭，西至狄道，北达朐衍戎，东至黄河，"益国十二，开地千里，遂霸西戎"，秦国走上了崛起之路。

秦穆公励精图治，改革内政，促进了秦国的发展和西部各民族的融合，是一位政绩不凡的政治家。

"飞将冲天，鸣则惊人"的楚庄王

公元前614年，楚穆王突发急病去世。次年，楚穆王

之子芈旅登基即位，史称楚庄王。楚穆王是杀掉自己的父亲才登上了王位的，因而在他执政的十二年间，朝中许多人内心并不认可。及至庄王即位，为了在混乱的局面中辨明忠奸，三年不事朝政，得获忠臣良将后才"一鸣惊人"。此后，朝中大臣积极辅佐楚庄王，上下一心，励精图治，楚国开始走向鼎盛之路。

一鸣惊人的大鸟

楚穆王在位时为了国富民强，推行了很多政策，注重军队训练。但正准备逐鹿中原、与晋国决一死战的时候，他却突发急病，抱憾离世。

公元前613年，楚庄王即位后，做了国君。晋国趁这个机会，把几个一向归附楚国的小国家又拉了过去。楚国的大臣们听说后向楚庄王提出出兵讨伐晋国的想法。可是楚庄王根本不听大臣们的谏言，白天打猎，晚上喝酒，天天寻欢作乐，国家大事全不放在心上，就这样窝窝囊囊地混了三年。他知道大臣们对他的作为很不满意，就下了一道命令：谁要是敢劝谏，就判谁的死罪。

但有个名叫伍举的忠臣实在看不过去了，决心去见楚庄王。楚庄王见了他，问道："你来干什么？是想一块

（楚国）彩绘动物纹漆俎

儿喝酒，还是听音乐？"

伍举说："有人让我猜个谜，我实在猜不到谜底。大王是个聪明人，所以我就来向您求教，请您猜猜吧。"楚庄王听说要他猜谜，觉得很有意思，就说："能难住你的谜语？说来听听吧！"

伍举见楚庄王

伍举说："楚国都城有一只大鸟，身披五彩，站在高处，样子挺神气。可是一停三年，不飞也不叫，人人都猜不透这是为什么。请问这是什么鸟？"楚庄王心里明白伍举说的是谁，面带笑容地回答道："你要知道，这可不是寻常之鸟。这种鸟不飞则已，一飞冲天；不鸣则已，一鸣惊人。"伍举会意，大喜，连忙告退。

其实，楚庄王之所以三年不上朝，是等待机会。他刚登基时国内外形势都很混乱，如何才能改变现状？楚庄王便假装昏庸，不事朝政，不动声色地在众臣中寻觅忠臣良将。经过三年的观察，楚庄王终于掌握了朝内众臣每一个人的情况。有伍举这样的贤臣相助,创建大业的时机终于到来了。于是,他下令撤除酒宴,开始处理朝政。

楚庄王把德才兼备之人提拔到重要职位上,帮助他处理国家大事。他加大了执法力度,重视农业生产,发展经济,还采取了许多利国利民的政策,使国家实力大大提高。

从此以后,朝中大臣们都开始积极辅佐楚王,上下一心,一致对外。楚庄王励精图治,使得社会稳定,民风淳朴,人民得以安居乐业,楚国开始走向鼎盛,准备称霸中原。

孙叔敖治楚

公元前601年,孙叔敖被楚庄王拜为令尹,辅佐其治国安邦,创建霸业。孙叔敖执政期间,奉公律己,实施了大量利国利民的政策,深得人民的爱戴和楚庄王的信任。在孙叔敖的精心治理下,楚国内政稳定,国力强盛。

(楚国)王子午升鼎

孙叔敖热衷于水利工程建设。在他任职令尹之前,就设计建造了中国最早的大型渠系水利工程——期思雩娄灌区。他就任令尹后,仍然重视水利工程的兴建。约公元前

597年，孙叔敖又主持修建了芍陂，这也是我国修建的最早的蓄水灌溉工程。这项工程不仅使安丰地区变成了鱼米之乡，而且使其迅速成为楚国的经济重地。孙叔敖重视水利建设，推动了中国古代水利事业的发展，成为水利建设史上的楷模。

孙叔敖勤于职守，处处自律，留下了许多历史佳话。在任令尹期间，他非常重视法治，且执法公正，不徇私情。因他奉公守法，以身作则，公正无私，楚国的法治清明，百姓得以安居乐业，官员不做坏事，与百姓上下一心，国家风气良好，民间没有盗窃事件发生。

正是因为孙叔敖在执政中坚持求真务实的精神，所以深得民心。楚国的经济、政治、军事得以迅速发展，与孙叔敖奉公律己、勤政爱民、忠心辅助是分不开的。"孙叔敖治楚"，就是说他在任职令尹时，为官为民，政绩卓越，自己也成了一代名相。

邲之战，确定霸主地位

楚庄王即位时，见郑国依附了强大的晋国，便出兵伐郑。郑国地处中原腹地，位置非常重要，楚国只要掌控了郑国就能封锁黄河，阻拦晋国南进。为争夺郑国，晋、楚两国战争连年，公元前606年后的八年间，楚国出兵伐郑多达七次，屡屡告捷，在与晋的争夺战中逐渐占据了上风。

公元前597年，楚庄王亲自领兵伐郑，晋国前来救援。晋、楚大战在邲拉开了帷幕。在这次战斗中，晋军内部不和，被楚军一击即溃，遭到重创。楚国终于一雪城濮

楚庄王出征铜像

之耻。获胜后,楚庄王以胜者身份在衡雍修建了楚先君宫殿,祭祀了黄河,举办庆祝大会后凯旋。

邲之战以后,楚军势不可挡,相继攻打几个与晋结盟的国家。公元前595年,楚庄王出兵伐宋,大军直逼宋国都城,围困九个月后,宋国投降。不久,齐、鲁等国与楚结盟。从此以后,偏居南方的楚国深入到中原腹地,势力达到了鼎盛,楚庄王实现了祖辈们"观兵中国,争霸中原"的夙愿,成了历史上著名的春秋五霸之一。

吴王阖闾施恩行惠兴起

公元前514年,吴王阖闾登基,他是一位英明有为的君主,以灵活的外交策略,利用晋、楚两国之间的矛盾,来提高吴国在中原诸侯国中的威望,并大胆起用伍子胥、孙武等杰出的人才,使国家的政治、军事、经济都有了长足的发展,为吴国崛起奠定了坚实的基础。

谋王位,专诸受命刺吴王僚

公元前527年,吴王夷昧去世,公子僚即位为王。诸樊之子公子光不服,暗中打算弑君夺位。知道公子光心思的伍子胥将胆识过人的勇士专诸引荐给公子光。公子光非常器重专诸,将他奉为上宾,还时常设宴招待专诸。知恩图报的专诸为了报答公子光对自己的知遇之恩,便准备帮助公子光除掉吴王僚。

公元前515年,公子光设宴请吴王僚来自己的府邸,然后命专诸将利刃鱼肠剑藏进吴王僚喜欢吃的烤鱼中,趁递烤鱼的机会刺死了吴王僚。公子光随即掌控了政权,登基为王,史称吴王阖闾。随后,他又派刺客要离施苦肉

(春秋)三轮铜盘

计，除掉了逃亡卫国、正厉兵秣马伺机报仇的吴王僚之子庆忌。

励精图治，图谋争霸中原

阖闾刚刚登基时，吴国实力衰弱，他立即着手实施强国富民的振兴计划。他广泛搜罗人才，任命伍子胥和孙武掌管军政大事。在伍子胥、孙武等贤臣良将的辅佐下，吴王阖闾"西破强楚，北威齐、晋，南伐越人"，扬威中原。

伍子胥，楚国人，名将伍奢次子。公元前522年，楚平王听信谗言，杀掉了伍子胥的父亲伍奢和哥哥伍尚，伍子胥被迫逃亡吴国，投于吴国公子光门下后，帮助其弑杀吴王僚、夺得政权。阖闾即位后，伍子胥成为吴国最重要的谋臣，他开始逐步实施自己的复仇大业。在伍子胥的建议下，吴王阖闾修法制，任贤能，实仓廪，治城郭，并任用精通兵法的孙武，赋以统军的重任，调教出攻守兼备、训练有素的军队，使弱小的吴国迅速崛起，成为东南的一大军事强国。

为了达到兴吴称霸的目的，吴王阖闾采纳了伍子胥"立城郭"的提议。伍子胥在吴王的委派下，重新修建王都，旧都遂被改建成了一座设计精巧、气势宏伟的大城，使之成为国家的政治、经济、军事中心，为吴王阖闾逐鹿中原奠定了坚实的基础。

阖闾还在全国范围内推行了一系列行之有效的鼓励发展经济的政策。他不断学习先进文化，拉近了吴国与其他

春秋吴国城门之一的苏州盘门

强国之间的距离。他还"治兵库",整顿兵马,提高军队的战斗能力,使国家的军事实力得到很大提高。

吴攻楚,吴国威震东南

在吴王阖闾的治理下,吴国政局稳定,国富民强,军队的战斗力增强。于是,阖闾的注意力便集中到宿敌楚国身上。打败楚国,不仅能使周边小国归顺吴国,也能替与楚国有着杀父之仇的伍子胥报仇雪恨。

公元前512年，吴国出兵伐灭了楚国的羽翼徐国，为进而伐楚扫清道路。与军力强大的楚国作战，硬碰硬只能吃亏，所以吴王阖闾采用了伍子胥和孙武制指定的"疲楚误楚"的高明计策：将吴军分为三支，轮番侵扰、攻掠楚国，趁楚军手忙脚乱、穷于应付时，再合力进攻。伐楚之战频频告捷，吴军士气高涨，将士们越战越勇。而此时的楚军接连受挫，士气低落，处于被动的境地。

公元前506年，阖闾、伍子胥、孙武等人商议后，"涉淮逾泗，越千里而战"，集中吴国精锐兵力攻楚，大败楚军主力，势如破竹，接连五战都大胜楚军。同年冬天，吴王阖闾亲率伍子胥、孙武等将，倾全国三万水陆之师，进行战略奇袭，剿灭楚国二十万大军。吴军长驱直入，一举攻陷郢都，楚昭王逃往随国。后来，秦国派兵救助楚国，阖闾大军被迫班师。

吴国一举战胜楚国，给长期称雄南方的楚国以十分沉

（吴国）吴王阖闾的佩剑

重的打击,从而扭转了春秋晚期的整个战略格局,为吴国崛起东南,进而逐鹿中原打下了坚实的基础。

吴、越两国一直战争不断。公元前496年,趁越王允常去世,其儿子勾践即位不久,吴王阖闾亲征越国,不料遭到惨败,阖闾也被越将灵姑浮砍伤,死于回师途中。

吴王阖闾壮志未酬,带着遗憾告别了人世。虽然他生前未能成就霸业,但他执政期间实施了大量安邦治国、富国强兵的策略,为以后吴国成为东南一大强国奠定了坚实的基础。

勾践卧薪尝胆

阖闾的继任者吴王夫差继承父亲遗志,发动了伐越战争。夫椒之战,越王勾践一败涂地,不得不委曲求全,向吴王称臣。被放回越国之后,勾践时刻不忘奇耻大辱,卧薪尝胆,任人唯贤。经过二十多年的努力,越国终于强大起来。他看准时机,广施智谋,最终灭了吴国,成为春秋时期的最后一个霸主。

侍奉夫差,韬光养晦

夫差在公元前496年接替父位成为吴王。他谨遵父亲

(越国)越王勾践剑

的遗志，励精图治，以图灭越。他即位次年，吴国便在夫椒打败了越国。勾践被吴军围于会稽山时，范蠡献计贿赂吴国太宰伯嚭，让他劝夫差不要灭掉越国，准许越国向吴称臣。夫差不听相国伍子胥的灭越主张，同意了勾践的求和，并让勾践夫妇在吴国服侍他。勾践委托文种处理军国之事，让范蠡陪他们夫妻俩同到吴国。

夫差此举的用意就是羞辱勾践，他把勾践安置在阖闾墓旁的一个小小的石头屋中，让他看坟，此外还让他喂马。出门时，夫差会让勾践牵着马在百姓前行走，并派人观察他的面色举动。勾践忍辱在心，外表装得极为忠诚。他衣衫褴褛，食糟糠，吃野菜。为了让吴王夫差以为自己确有忠心，夫差病时他亲尝其大便以判断病情。他的这些行为最终得到了回报，夫差相信了他，三年之后，就将他们放回了越国。

十年生聚，十年教训

回到越国后，勾践决意强大越国以复仇。他怕自己忘了奇耻大辱，就在吃饭的屋中悬了一只苦胆，饭前必尝胆的苦味，还对自己说："你会忘了会稽的耻辱吗？"他夜晚睡在柴草堆之中，唯恐舒适的生活磨掉复仇的意志。他用这些艰苦的生活条件使自己坚定复仇的决心，成语"卧薪尝胆"就由此而来。

勾践分别让范蠡和文种主持军事和国事：范蠡督促训练兵马，文种制定国家政策。他身体力行，与夫人同去劳作；实施休养生息的策略，规定免收百姓七年的赋税，减

勾践卧薪尝胆

轻了人民的负担，提高了他们劳动的积极性，使他们储蓄的粮食得以增加；在军事上，勾践严明军纪，加强训练，使得越军的战斗力大大提高。

强盛越国的同时，勾践也在设法削弱吴国的力量。他向吴国表示忠诚借以麻痹吴王，吴王夫差对他深信不疑，放松了对他的警惕，只顾四处征战，横行中原，以求当上霸主。他想方设法让吴王夫差恣意妄为，耗费吴国财力、人力，并使用离间计，让吴国内部发生矛盾，并借夫差之手将越国复仇的障碍伍子胥除掉。

十年之后,越国"荒无遗土,百姓亲附",人财俱阜,国力十分强盛,其军队也已成为攻无不克战无不胜的精锐之师。

"飞鸟尽,良弓藏"

公元前482年,就在夫差率精兵去与晋国争夺霸主之时,勾践发兵攻吴,轻而易举地攻入吴都,

范蠡像

并杀死了吴国的太子。因自己的实力不足,在夫差求和之后,勾践就撤兵了。又经过几年的休整,公元前473年,勾践再次兴兵伐吴,吴军不堪一击,全线崩溃。夫差向勾践求和,但被拒绝,心中后悔不听伍子胥之谏而羞愧自杀。灭吴后,勾践将卖国奸臣伯嚭杀死。之后他渡淮河北上,约齐、鲁、宋、晋等国会盟于徐,周天子元王派人送来祭肉,册封勾践为侯伯,认可勾践为霸主。从此以后,越国横行于长江、淮河地区,诸侯莫敢不朝,勾践成为春秋时期最后一个霸主。

经过二十二年的时间,勾践终于灭了吴国,洗清了身上的耻辱。功成之后的勾践要论功封赏,可他却无法找到范蠡。原来范蠡早已离开他,泛舟于三江五湖。走前范蠡给好友文种留下了几句话:"飞鸟尽,良弓藏;狡兔死,走狗烹。"很明显是在劝文种退隐,然而文种以为自己对越国有功,勾践不会把自己怎么样,就没有听从朋友的

话。后来，勾践逐渐冷落了文种。不久，有人在勾践那里诬陷说文种想谋反了，勾践抓住机会赐了一柄剑给文种，说："当初你给我谋划了九条计策对付吴国，可只用了三条就将吴国打败了，还有六条在你那儿，你去试试能不能用这些计策帮先王在地下打败吴国吧！"

文种含恨自尽

文种拿剑观看，正是当年伍子胥自刎用的属镂剑。他后悔莫及，拔剑自杀。

春秋文化

老子出关

老子,春秋时楚国苦县人,姓李名耳,字伯阳,又称老聃。他是著名的哲学家、思想家,著有《道德经》,是道家的祖师。老子为我国古代哲学思想的发展开辟了道路,其思想及他创立的道家学派,在文化及思想领域影响了后世两千多年。

聪颖少年初长成

老聃生来聪明,喜学习,好静思,经常让大人给他讲各种事情,国家盛衰、兵戎之事,以及神秘的祭祀、莫测的观星,他都听得津津有味。母亲看到儿子这样渴求知识,就请老先生商容教他。

宋缂丝老子骑青牛出关图

商容精通天文、地理以及各朝代的礼乐制度，老聃从他那里学到很多知识。后来，商容推荐他到周朝都城学习。无论是自然方面的天文、地理，还是人事方面的历史、人伦，他都加以学习。三年之后，他的学业大有提高，得以进入周朝守藏室为吏。守藏室中有许多珍贵典籍，他在此博观杂取，几年后当了守藏室史。此时的老聃已经熟知礼乐的源泉，深明道德的要旨，学问非常渊博，名声也越来越大。于是人们称他为"老子"，以对知识渊博者的称呼"子"来表示对他的尊敬。

留书出关

公元前516年，周王室发生了严重的内乱。老聃见周王室过于腐朽，就打算离周隐居。于是他找了一头青牛，骑着它前往函谷关，想出关西游。

《道德经》书影

这一天，负责看守函谷关大门的关尹喜站在关上远望，忽见一团紫气由东方缓缓飘了过来。关尹喜颇有学问，知道紫气东来之象预示着圣人将至，心中十分激动。不久他就看到一头青牛驮着个人慢慢走来，竟是老子。看此情形老子是要远走高飞，今日一见不知是否后会有期。于是，他就请老子写些东西留给自己，不然不让他出关。

老子虽然有些不愿，可不写就出不了关。为了以后的逍遥自在，他无奈地提起笔来，据说这就是流传千古的《道德经》。

《道德经》共八十一章，五千言，分为上、下两篇。上篇主要讲述宇宙间的阴阳变化之道，首句为"道可道，非常道；名可名，非常名"，故称《道经》；下篇主要讲处世之道，首句为"上德不德，是以有德；下德不失德，是以无德"，故称《德经》。全书合称《道德经》，是道家的开山之作，是道教的基本经典。

老子的思想对中国古代哲学及文学等产生了重大影响，他创立的道教也传播广泛，影响巨大。他唯一的著作《道德经》的发行量之大，在世界上仅次于《圣经》。

兵家圣典《孙子兵法》

公元前515年，吴国大臣伍子胥推荐孙武给吴王阖闾。阖闾看了孙武自撰的十三篇兵法著作后，大加赞赏，就拜孙武为将军。后来，孙武以杰出的军事才能辅佐吴王称霸于诸侯，他写的《孙子兵法》也扬名后世。《孙子兵法》是世界上最早的一部军事理论著作,早于欧洲克劳塞维茨写的《战争论》2300年,在世界军事史上有举足轻重的地位。

避隐吴国著兵法

孙子,名武,字长卿,生于齐国贵族田氏世家。在家庭中,他被赐姓孙氏的爷爷田书、父亲孙凭都是齐国善于带兵之将,他从小也耳闻目睹了一些战争,这对少年孙武事方面的培养是非常重要的。后来,孙武打算出国寻找施展才能的机会。他感觉在南方新崛起的吴国,自己能施展才能、实现抱负,就在公元前517年左右远赴吴国。

公元前515年,阖闾登上吴国王位。此时的孙武正隐居在吴都郊外。他苦心撰写兵法,并让伍子胥引荐自己。他写成的《孙子兵法》共有六千多字,分为十三篇。全书内容博大精深,分析精到,体系严密,极具实用价值。精彩绝伦的军事思想和军事论断,使得《孙子兵法》备受后人推崇,孙武也被古今中外的军事家尊崇为"兵家之祖"。

孙武像

兵学鼻祖，名冠古今

吴王以孙武和伍子胥为将，在公元前506年冬天发兵击楚，大获全胜。吴国一举成为强国，威慑北方的齐、晋等国。孙武功成隐退，隐居后根据他在吴国带兵的实战经验，修订了自己的兵法，使得《孙子兵法》更加完善。

孙武认为战争的胜或负取决于政治、经济、外交、军事、自然等各方面的条件。他认为世界万物都在变化，因而十分强调战争中的机智应变，主张根据不同的条件制定不同的作战方略。同时他还注重用人的主观性，使战争中的不利面向有利面转化。孙武从军事方面总结出许多深刻的哲理，取得了与孔子、老子并列的地位，成为春秋末期思想界璀璨夺目的明星之一。《孙子兵法》为我国的军事理论打下了坚实的基础，开辟了我国古代的军事谋略学，为后世两千多年中的军事家、思想家、政治家提供了智慧的源泉。在国外，《孙子兵法》的影响也极为广泛，作为一部最古老、最完备的军事奇书，日、法、英、德、俄等译本早就得以流传。如今，《孙子兵法》已超出

孔子行教像

了军事领域,被广泛地运用于商业等领域。

孔子周游列国

孔子是我国春秋末期著名的思想家、教育家,儒家学派的创始人。他的思想对后世产生了无法估量的影响。最初孔子在鲁国入仕后,一心行德政,辅佐国君,削弱国内心怀不轨的权贵势力,使鲁国政治清明,国力增强。然而这一切使齐国感到非常不安。齐君怕鲁国强大之后对齐国不利,于是进行干扰,使鲁国君臣沉迷声色,荒废了朝政。当时已经五十五岁的孔子非常失望,于是在公元前497年带弟子离开鲁国,开始在列国之间周游,以期实现自己的政治主张。

"吾未见好德如好色者也"

卫国靠近鲁国,是姬姓诸侯国,与鲁国是兄弟国家,孔子对它很有感情,于是他带弟子先来卫国。弟子子路的大舅子颜浊邹在卫国,孔子他们就住在了颜浊邹家。

初来乍到的孔子受到了卫灵公的欢迎。他打听到孔子在鲁国享有的俸

孔子的门生子路像

禄，自己同样给他这么多。后来，有人向卫灵公说了孔子的坏话，卫灵公的态度就转变了。他让士兵监视孔子，孔子一出门士兵就跟在他后面。孔子担心这样下去自己会有不测，就离开了卫国。没过多久，孔子又回到了卫国，这次住在蘧伯玉家中。蘧伯玉是卫国的贤人。

卫灵公有一个夫人叫南子，她听说孔子在卫国，就想见见他。她派去请孔子的人说："天下想同我们国君结交的人，都要去拜见我们夫人，您也不例外吧？正好我们夫人也想见见您。"孔子本来不愿意去，可担心不去会出什么事，只得走一趟。子路听说后很是不满，孔子忙给他说明原因，还发誓说："我若是为了私心而去那儿，上天一定会厌弃我！"拜见了南子后，孔子与卫灵公的关系变得稍好了些。过了不久，卫灵公请孔子一同出去游玩，却让他坐在后面的车上，身份像是个高级侍从。孔子感到卫灵公很不给自己面子，带着怒气说："我还没见过好德像好色一样的国君！"就又离开了卫国，前往宋国。

"惶惶如丧家之犬"

宋国的桓大司马给自己造一石椁，用了三年时间还没造成。孔子说："还不如早点儿死了，免得这么浪费！"桓大司马得知此话，心中不满，就开始威胁孔子。孔子师徒无奈，只得离开宋国。不久到了郑国，孔子师徒不小心失散了。弟子们很着急，到处寻找老师，子贡逢人便问。有个人讥讽地告诉子贡说："东门那边有个像丧家犬一样狼狈的人，可能就是你的老师吧！"后来子贡告诉了孔

孔夫子周游列国

子,孔子自嘲地笑道:"我像丧家之犬,说得太对了!"后来,孔子到陈国住了三年。陈国正在遭受晋、楚争霸战火的蹂躏,孔子找不到机会,就返回了卫国。

孔子周游列国十四年,在卫国合计起来就逗留了十年,可见卫国是他周游时期的主要落脚之地。但卫灵公并没给他实现政治抱负的机会。

受困于陈蔡

在周游列国的历程中,陈、蔡曾是孔子的落脚地。在陈、蔡期间,楚昭王曾派人来请孔子,孔子打算到楚国回拜昭王。作为楚国邻国的陈国和蔡国得到了这个消息,害怕孔子辅佐强大的楚国,就一同发兵,在野外围住孔子。

孔子圣迹图之游说诸王

孔子渐渐断了粮食,跟随的弟子也都饿得少气无力,可孔子仍给学生讲课。子路很生气,过来对孔子说:"君子也有走投无路的时候吗?"孔子说:"君子固然有走投无路之时,但不像小人那样在窘困之时无所适从。"

子贡后来带着楚兵来迎接孔子,孔子才得以脱困。由于令尹子西很不赞成任用孔子,楚昭王就不再提此事了。不久楚昭王去世,卫灵公的孙子卫出公请孔子回到了卫国,却仍没有重用他。

复兴礼乐办私学

68岁时,孔子仍然是一介平民。经过冉有的努力,公元前484年,在卫国的孔子被迎回鲁国,十四年的漂泊生活就此结束，他仍然很受礼敬，却不被任用。孔子自知从政无望，便从此隐居在家，以培养学生和整理古籍为务。他一生共收徒三千，能通六艺、学问登堂入室者七十二人。在整理古籍方面，他完成了对《诗》《书》《礼》《乐》《易》的修订，还写了《易传》《书传》《春秋》。

公元前479年，孔子年已古稀，在病魔的袭击下病倒了。不久，73岁的孔子与世长辞。

孔子去世后，在弟子们的不断努力下，孔子的学说形成了儒家学派，而他被尊为该学派的创始人。儒家思想对后世的影响极为深远，孔子也被公认为我国古代的大思想家、大教育家。

木工祖师鲁班

鲁班，鲁国人，姓公输，名般。他的家族世代为工匠，鲁班自小耳濡目染，年纪轻轻就成了鲁国著名的工匠。他深通机械原理和土木工程，由于成就突出，被后世工匠尊为祖师。

反复摸索，发明惠泽后代

作为我国古代杰出的建筑师和手工业工匠，鲁班生活在春秋、战国交替时期，此时的中国社会正由奴隶制向封建制转变，一些从事手工业的奴隶得到了人身自由，并且可以独立从事手工业经营，这使他们的才艺有了更大的发挥余地。鲁班就是在这样的社会环境下靠勤奋和智慧成为

鲁班像

一代名匠的。人们称他为"巧匠""巧人",而土木工匠则尊他为祖师。

鲁班的聪明才智首先体现在他在土木工程方面的许多贡献,主要是对后世影响重大的各种木工工具的发明。刀、斧是当时木匠最常用的工具,用这些工具制作器具要花费很多的时间和精力,造出来的东西也不美观。鲁班很想改变这种情况,但并没找到合适的方法。一次他带着徒弟采集木料,爬山的时候,无意中拉了一下野草,不料手掌一阵疼痛。伸出手来一看,见鲜血染红了手掌。他突然若有所思,连疼痛也忘了,小心地拽过野草叶子仔细观察,发现这种野草的叶子边上长着细密且锋利的小尖齿。受此启发,他先是用竹片,后来用铁片做成了锯,使截取木料的效率有了质的飞跃。

另外,鲁班还发明了刨子,能将木材表面刨得非常光滑;他还发明了钻,能钻孔,也能使木器结合得更牢固;他还发明了曲尺,用它可以量平面和直角,这样就能将木器做得平直美观,后人称为鲁班尺。由于他处处留意、不断思考,所以经常有创造发明。他的发明故事也流传于世。

成就卓越，世代受人尊崇

在机械发明制造上，鲁班也有突出贡献。鲁班到南方的楚国巡游时，楚王对他非常敬重，不但厚礼待他，还给他提供便利，使他能发挥自己的才能。鲁班是知恩图报之人，为了答谢楚王，他为楚军造了攻城用的云梯，以及在水上作战时战船上使用的钩拒。这些工具在战争中起到了非常重要的作用。其中，云梯在战争中一直被用到近代。木鸢也是他的发明，这是一种木鸟，以竹片和木料为原料，包含有简单的机械装置，它的奇特之处是能借助风力飞起来。一些史书中说这种木鸢飞起来"三日不下"，鲁

古代云梯复原图

班自己也"自以为至巧"。这些传说不免失实,但从中足以感受到鲁班的聪明才智和他对征服天空的渴望。

有的传说更加不可思议。据说,鲁班专门为他母亲造了一辆木车马,这个发明轰动一时。它"机关具备",驾驶者是木人,能够自由行驶。这件事被传得神乎其神,最后演变为鲁班把他母亲安置在车中后,开动了机关,木车马竟飞奔而去。

总之,鲁班一生中发明了数不胜数的器械工具。除了以上所说的外,相传,鲁班还刻制了我国最早的立体石刻地图"九州图"。他的这些发明对提高我国的手工业水平和机器制造水平意义重大,他也被尊敬至今。

战国

七雄逐鹿中原(前475—前221年)

变法与图强,七雄逐鹿

三家分晋

春秋晚期,晋国的政权为非公族的赵、韩、魏、智、范、中行氏诸家大夫把持,六家之间不断兼并。先是联合起来的赵、韩、魏、智四家消灭了范和中行氏,紧跟着韩、赵、魏三家联手将智氏消灭,最终晋国的大权落于他们三家之手。公元前403年,周威烈王正式承认他们的诸侯地位。韩、赵、魏三家分晋,各自成立国家,与另外的秦、齐、楚、燕四大国合起来被称为战国七雄。三家分晋标志着中国由奴隶社会进入了封建社会,具有重大意义。

晋无公族,知氏独大

晋献公在骊姬叛乱之时大杀公室子孙,造成了"晋无公族"的局面。后来的晋成公以"宦卿之适子而为之田,以为公族",赵盾又让公室外的

(晋国)赵卿鉴壶

异姓之臣成为贵族,晋国君室的实力就此逐渐削弱,非公室的卿大夫的权力大大增加,这些异姓公卿之间不断进行争斗。春秋末年,晋国就剩下了魏、赵、韩、范、智、中行氏六家大夫了,是为"六卿",而智氏的实力最强。

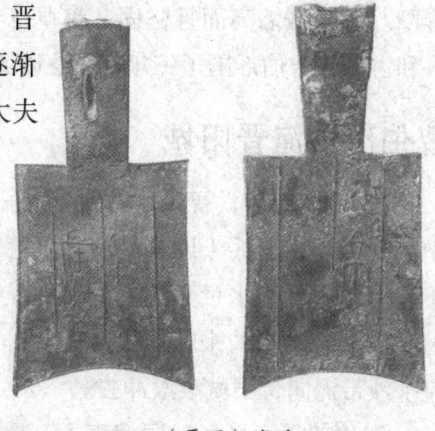

(晋国)钱币

智氏家族雄心勃勃,他逐步消灭异己,以期有朝一日自为君王。公元前458年,范氏和中行氏在智、韩、赵、魏的联合打击下覆灭,六卿只剩下了四卿。为了早日实现自己的君主之梦,智家的大夫智伯瑶打算消灭另外三家。他心生一计,建议每家各归还晋公室一百里土地和人口,以振兴晋君的实力,恢复其自文公以来的霸主雄风。赵襄子、韩康子、魏桓子都是聪明人,听了智伯瑶的话就知道这是想削弱他们三家,但是他们各自的想法不同。韩家和魏家相继将土地和人口交了,赵家则不肯,赵襄子说:"这些东西都是祖先用功劳换来的,我为什么要交出来?"智伯瑶大怒,与韩、魏订下协议,答应他们灭赵氏后平分赵家的财产,于是三家在公元前455年联合出兵攻打赵氏。

赵襄子见敌人来势汹汹,知道不敌,就领军退至老巢晋阳。晋阳城墙高而且坚固，粮草也十分充足，且地利与人和占尽，智伯瑶围了三年都无法破城。

智伯瑶水淹晋阳城

公元前453年，智伯瑶见到绕城东北而流的晋水，他心中突现一计，命兵士即刻到河的上游筑坝拦水。由于此时正是旱季，晋水水量不大，此项工程很快就完成了。到了雨季，随着洪水的来临，他又让兵士开坝放水，滔滔的水流携沙带泥向晋阳城滚滚冲去。

智伯瑶得意扬扬地同韩康子、魏桓子齐在高处观看水淹晋阳城。韩康子和魏桓子心中皆是一惊，原来他们各自

列国争战的时代

的封邑平阳和安邑旁边都有一条河流过，智伯瑶的话让他们担心有朝一日眼前的祸事也会发生在自己身上。

晋阳城遭水淹后，心急如焚的赵襄子忙去找谋士张孟谈。张孟谈说："我们能否逃过此劫就看韩、魏两家了。我觉得他们是因为惧怕智伯瑶才前来攻打我们的，并不是真心与我们为难。我去见见他们，看能否说服他们反戈。"张孟谈当晚悄悄出了城，黑暗中找到韩、魏大营，与韩康子和魏桓子分别作了交谈。这两人正忧虑重重，张孟谈的一席话让他们茅塞顿开，当即表示愿意与赵氏合力对付智伯瑶。夜长梦多，他们决定第二天晚上起事。

翌日夜中，睡梦中的智伯瑶突然被呐喊声惊醒，只见军营中全是水。不知发生何事的智家军人猛然听到四面八方擂鼓声，为了逃命各自乱跑，韩、赵、魏三家兵士乘着木舟与竹筏到处砍杀，智氏的兵马死伤无数，智伯瑶也遭擒拿杀害。

灭了智家之后，韩、魏收回了被智伯瑶侵占的土地，而智家的土地也被三家平分。韩、赵、魏在晋国三足鼎立。

七雄并立，春秋结束

公元前437年，公子柳在晋哀公死后即位，即晋幽公。此时的晋国公室已经完全失去了权力，晋幽公不仅不能约束韩、赵、魏，自己还得去朝见他们。与瓜分晋公室的权力一样，晋国的土地也被他们瓜分，晋公室只剩下绛与曲沃二邑。

公元前403年，同样失势的周天子见晋国大势已去，就顺应韩、赵、魏的要求，正式把他们封为诸侯，这件事史称"三家分晋"。从此，韩、赵、魏这三个新成立的中原大国与老牌的秦、齐、楚、燕四个大国被称为战国七雄。中国的春秋时期就此结束，战国七雄之间的争霸渐渐展开，而中国也开始了由奴隶社会向封建社会迈进的步伐。

魏国百年霸业

三家分晋后，魏斯在魏桓子之后即位，是为魏文侯。公元前403年，周天子与各诸侯国正式承认韩、赵、魏为诸侯，成为独立的封建国家。魏文侯以李悝、翟璜等贤人为相，以乐羊、吴起等人为将，开始治理国家的政治、军事、经济。在当时七国中，魏文侯率先实行改革，大力发展本国封建经济，使得魏国国富民强，逐渐成为中原霸主，百年霸业就此开始。

（战国）十六节龙凤玉挂饰

改革变法，富国强兵

为了增强魏国实力，魏文侯用盐业的收入创建了一支精锐的常备军，即武卒。他对武卒兵士的选用抱着贵精不贵多的原则；他免除武卒全家的徭役和田宅税，使他们享受很高的物质待遇；如果武卒立了军功，将获得职位上的提升，物质待遇也随之提高。这样的制度使得军队的建设非常成功，魏国的军队建设制度和军功贵族制度由此渐渐形成。

同时，备受重用的卫人李悝在农业方面进行了改革，采取因地制宜的精耕细作式的农业生产原则，并将发展农副业方面的有效经验加以推广，使得魏国耕地平均亩产量和土地的利用效率大大提高。借助平籴法的实行，李悝使国内的粮价得到了平衡，国民也能够买得起粮食了。魏国社会逐渐稳定。为了使国人的行为有法可依，李悝还颁布了一系列法律条文，这些法律后来也为秦献公、孝公和商鞅所采用。

（战国）青铜盖豆

为了提高收入、获取大笔商业税以充实国库，魏文侯鼓励魏国百姓从事出口土特产贸易等商业活动。

三家分晋后，魏国花了大量时间、精力积蓄国内实力。赵国和韩国经过一段时间的扩张后，迫于国内形势的不稳定，开始将注意点放到国外。此时，魏国国内的各种改革大体完成，国力日盛。

魏霸中原

在战国各国中，魏国是最早开始变法的，这使得魏国各方面的实力很快领先于其他国家。从此，魏国开始了争霸中原的征程。魏文侯、魏武侯在位期间，魏国与相邻的赵、韩两国联合出击，取得节节胜利。先是攻打西边的秦国，在公元前409年夺取秦国河西地区，分别派李悝、吴起镇守上地和河西，秦人屡次想要收复失地却不可得；接着在公元前406年，吞并了北边的中山国；然后又在公元前404年，打败东边的齐国。此后，魏国将目光转向南边的楚国，以多次胜利压制了楚国的扩张势头。魏武侯的儿子魏惠王即位时，魏国实力达到极盛，出现了独霸中原的局面。

李悝变法

李悝在公元前406年被魏文侯任用为相。上任后，他采用的一系列有利于新兴地主阶级的政策和措施，给国内残留的旧贵族势力以巨大打击，开辟了新兴封建阶级的快速发展之路，使魏国经济得到了快速发展。李悝的变法影响了后来著名的商鞅变法、吴起变法等，他被认为是战国时代法家的祖师。

尽地力之教

在经济方面，李悝变革的主要措施之一是"尽地力之教"：他根据魏国人众地寡的条件和当时的生产经验，支持自由开辟耕地、鼓励农民辛勤耕作，促进封建小农经济的发展，从而使生产获得增长，进而坚固国家的经济基

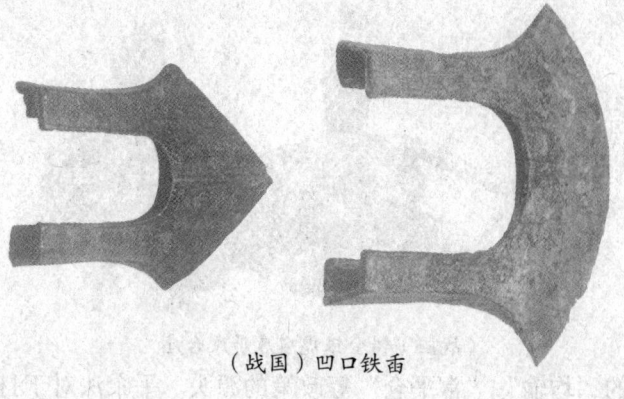

(战国)凹口铁㚟

础。主要有三点内容:

第一,"必杂五种,以备灾害",即种植稷(小米)、黍(黍子)、麦、菽(大豆)、麻(麻的果实)多种作物,这样可以保证某种作物遭受自然灾害后,还有其他作物可获丰收。

第二,"力耕数耘,收获如寇盗之至",即鼓励农民尽力耕作,指出要像防备强盗来抢一样迅速地收割庄稼,免得遭受风雨的侵害。

第三,"还(环)庐树桑,菜茹有畦,瓜瓠果蓏,殖于疆场",即提倡充分利用土地发展副业,可以采取在住宅附近种植桑树、在菜园种植蔬菜、在田埂上种植瓜果等方法。

平籴法是李悝经济改革中的另一个重要政策。此政策把好年成、坏年成各分为上、中、下三等。好年成时,官府按年成等级买进一定数量的粮食;坏年成时,官府按年成等级用平价出售一定数量的粮食。这就是后来封建社会

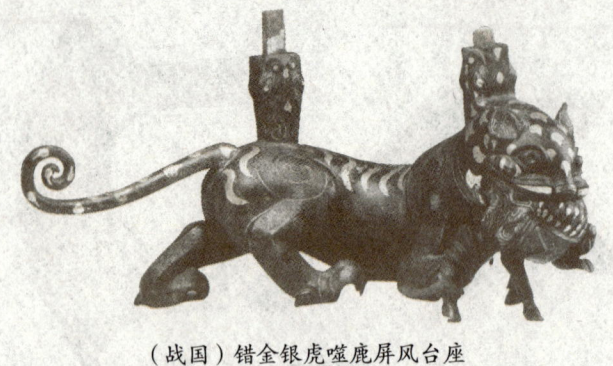

(战国)错金银虎噬鹿屏风台座

中的"均输""常平仓"等政策的源头。平籴法对于打击商人投机倒卖粮食、稳定粮价起了巨大作用,同时也保护了地主的经济利益,使得魏国富强起来。

颁布《法经》

李悝还"撰次诸国法",编了《法经》,它是我国第一部较有系统的封建成文法典。《法经》共有六篇:《盗法》《贼法》《囚法》《捕法》《杂法》《具法》。原书已佚。李悝认为盗和贼是国家治安的要务,因此《法经》始于《盗法》《贼法》。盗贼需要缉捕,因此接着是《囚法》《捕法》,这两篇主要是缉拿盗贼方面的法律条文。正如"杂"字所示,《杂法》内容很广,包括淫禁(禁止男女淫乱)、狡禁(关于偷窃符、玺及议论国家法令的罪行)、城禁(禁止人民翻越城墙的规定)、嬉禁(禁止赌博的规定)、徒禁(禁止人民群聚的规定)、金禁(禁止官吏贪污受贿的规定)。《具法》是讲依据不同情况,对犯法者加重刑罚或减刑的问题。

自从李悝颁布《法经》后，魏国一直沿用此法。魏国有良好的法治传统，百姓都乐于依法行事，加上魏文侯的带头遵守，李悝制定的《法经》在魏国社会政治中发挥了重大作用。商鞅后来将它带到了秦国，秦国依此制定了《秦律》，《秦律》后又为《汉律》所效，由此可知《法经》在我国古代法律史上的地位。

田氏代齐

春秋初期的陈国发生了内乱，陈公子完到齐国避难，当上了齐国的工正，后改姓田。春秋中后期，在齐国，田氏的势力渐渐增强。陈无宇之时，采用广施恩惠的手段与齐公室争夺民心，获得了许多民众的支持。此后，作为新兴地主阶级的代表，田氏家族与以国君为首的奴隶主贵族阶级进行了艰苦的斗争。田和在公元前386年位列诸侯，而继续使用齐国国号，就此"田氏代齐"得以完成。和三家分晋一样，田氏的代齐成果最终为周天子认可，这表明奴隶社会及其统治思想已瓦解，中国的封建社会正在形成。

田乞为相，专齐政

陈乞是陈无宇的儿子，又称田乞，谥号为田僖子。与父亲一样，他也很受齐景公恩宠。为了在诸侯中广立党羽，晋国发生内乱时，他劝说齐景公支持范氏和中行氏，齐景公让田乞给范氏、中行氏两家送了许多粮食以表支援。

齐景公在位五十八年，统治后期特别娇宠爱妾芮子生的儿子荼。公元前490年，景公临死前，将荼托付给国相国惠子与高昭子，让他们立荼为接班人，即齐晏孺子。齐景公同时让他们将其他公子转移到莱地住，两人就趁机逐走诸公子，公子嘉、公子驹、公子黔逃到卫国，公子鉏、公子阳生逃到鲁国。

（齐国）"节墨之法化"五字刀

田乞同国惠子、高昭子的嫌隙很深，便暗中图谋推翻他们。田乞与公子阳生的关系比较好，他打算趁新君年幼初立、国内混乱之际，杀晏孺子而立阳生。

后来，田乞煽动鲍氏及诸大夫进攻晏孺子的宫殿，国、高救助失败后，分别逃到莒国与鲁国。失去依靠的晏孺子只好束手就擒。之后，田乞派人迎回在鲁国的公子阳生，与诸大夫盟誓，立阳生为君，是为齐悼公。田乞先是将晏孺子迁到骀，并且捕杀他的党羽。后来又送他去骀，路上将他杀害。

从此，田乞成为齐相，开始了田氏家族对齐国的专政。

田和取而代之

田乞死后，他的儿子田常接替父位。公元前485年三月，田常支持与齐悼公有隙的齐大夫鲍牧杀死悼公，公子壬被立为君,为齐简公。田氏就此成为齐国最有权力的家族。

田常于公元前481年发动政变,杀了齐国右相监止和许多公族之人,齐简公逃到了舒州,田常追上他将他杀了。之后,田常立公子骜为君,是为齐平公。作为相国的田常进一步揽集政权,使得齐君成了傀儡。

田常担心自己的行径为诸侯所不齿,就将以前齐国侵占卫国、鲁国的土地归还了,又向晋国的韩、赵、魏三家大夫示好,并同吴、越两国亲善。至于国内,田常重整国政,赏功惩恶。自此,齐国内外安定,逐步复兴。田氏家族自此专政于齐平公、宣公、康公三代。

齐宣公去世后,时任相国的田和(田常之曾孙)奉宣公的儿子贷为君,是为齐康公。公元前391年,田和移齐康公于临海的海岛上,用一个城池供奉他的衣食,让他主持对姜齐祖先的祭礼。周安王于公元前386年同意封田和为齐侯,自此田氏正式取得了齐侯的合法地位。公元前379年,齐康公去世,奉邑入于田氏,姜齐从此退出历史舞台,史称"田氏代齐"。

田氏采取的一些争取民心措施客观上促进了封建经济的发展。田氏代齐不仅是贵族内部争权夺利的斗争,还是新兴的封建阶级在齐国夺取政权的胜利。

楚国吴起变法

公元前401年,公子熊疑即位为楚悼王时,楚国国内外形势十分严峻。就在此时，著名政治家吴起来到了楚国。他曾在魏国帮助李悝进行变法，而且在打击秦国方面功劳很大。楚悼王久闻吴起的大名，在公元前382年任他为令尹，让他主持变法。

损有余、补不足

吴起是卫国左氏人，曾与李悝等人一同主持魏国的变法。在军事和实践领域，他的改革成果十分显著。吴起的思想兼容儒、兵、法各家之长，他主张为政应该"内修文德，外治武备"。在他的主持下，魏国"治百官，亲万民，实府库"，极大改善了国家实力，使秦国不敢向东发展，韩、赵不得不"宾从"于魏。魏文侯去世后，吴起受到排挤，不得已去魏至楚，被楚悼王重用为宛守，抵挡韩、魏两国。公元前382年，吴起任令尹，主持变法。

吴起在楚国变法的主导思想是"损其有余而继其不足"，即拿部分旧贵族的"有余"来补军政费用的"不足"。他认为是"大臣太重，封君太众"的原因造成了楚国的国力衰弱。他主张对这些祸国殃民的贵族开刀，规定三世之后，向他们的子孙收回爵禄；减少官吏的俸禄，免"无能""无用"之官，裁"不急之官"，

吴起像

节俭下来的费用用以奉养"选练之士"。"损其有余而继其不足"的另一个方面是,根据楚国地广人稀的状况,迁人去人烟稀少之处。这些措施,改变了国家机构的冗臃之态,提高了军队的实力,废除了一些世袭封臣的权利,给旧贵族势力以沉重打击,也有利于开发荒远之地。

整顿楚国吏治

为了整顿吏治,纠正楚国官场的不良风气,吴起提出了三个主张:其一,"使私不害公,谗不蔽忠,言不取苟合,行不取苟容,行义不顾毁誉",即要求公私分明,言行端正,不能以私害公,不能进谗害贤,不能苟合取悦;其二,"塞私门之请,易楚国之俗",即禁止私下请托;其三,"破横散从(纵),使驰说之士无所开其口",即禁止纵横家游说。

(楚国)彩绘浮雕龙纹盖豆

吴起改革了"郢人以两版垣(用夹板填土筑墙)"的建筑方法,用改革后的技术建设国都郢,使其防御能力大大提高。

吴起变法使楚国繁荣起来。在吴起的主持下,楚国"南收扬越,北并陈蔡""却三晋,西伐秦",扩展了南部疆域,还数次成功地击魏救赵,各国为之震惊。

功败垂成，身死异处

公元前381年，楚悼王病逝。由于吴起的变法损害了楚国大贵族的利益，楚国的贵戚大臣在楚悼王的灵堂上动乱，为了杀死吴起，他们不惜冒死向躲到楚悼王尸体下的吴起射箭。吴起死了，他们的箭也射中了楚悼王的尸体。在楚国，"丽兵于王尸者，尽加重罪，逮三族"，所以在埋葬了悼王之后，楚肃王臧一即位就派令尹彻查此事，最终七十多家被夷族。

吴起的变法在楚国持续不长，效果不明显。吴起死后，楚国虽为"七雄"之一，政治上也有些变动，也出现过扬威诸国之时，但昭、景、屈三家始终把持着楚国的军政大权，使得楚国的政治十分腐败。总的看来，楚国一直在走下坡路，直至灭亡。

吴起是位奇才。在军事上，他既善于用兵又有精深的军事理论，是孙武后春秋战国时期的又一人，后世论兵皆称"孙吴"。他在鲁、魏、楚三国出将入相，展示出了卓越的军事才能，极大影响了后世的用兵。

商鞅变法

春秋时期，秦国是一个不为人注意的落后国家。秦孝公于公元前361年即位后，愤然发布"求贤令"，得到了商鞅，任命他为左庶长主持变法，从此秦国逐步走向了富强。商鞅变法是秦国的一次彻底社会变革，此后的秦国逐渐强大，为以后灭六国打下了基础。

治世不一道，便国不法古

秦国地处西隅，战国初年还较落后。公元前361年，秦孝公即位，为了富国强兵，准备变法改革。他发布"求贤令"，承诺不管是秦国人还是其他国家人，只要能让秦国富强就给予厚赏。

商鞅得知了秦孝公求贤的消息，来到了秦国，为秦孝公任用，开始在秦国实行变法。商鞅原姓公孙，是卫国的一个失势贵族，因此又称卫鞅。卫鞅自小喜好刑名之学，长大后专门研究如何用法律治国，李悝、吴起等人对他产生了很大影响。后来他被封于商地，后人就称他为商鞅。

在秦孝公面前，卫鞅侃侃而谈，宣扬自己的富国强兵之道。他说："国家要富强，就该努力发展农业，这样才能有足够的军粮。加紧训练军队的同时，还要赏罚严明，给勤劳有功的农民和将士以赏赐，给懒惰怕死之人以惩罚。赏罚已行，朝廷有了威信，才能进行顺利的改革，求取富强之道。"秦孝公十分赞赏卫鞅。不过要让变法顺利进行，还得说服那些贵族大臣，秦孝公就将许多大臣

商鞅塑像

聚在一起讨论变法的利弊。大臣甘龙是反对派的领袖。他说:"祖宗传下了制度和礼法,如今在朝为官和在野为民的人都已习惯了这些制度。若变动了,定会造成大乱。"

卫鞅反驳说:"自古至今没有不变化的礼和法。秦国现在的旧礼、旧法能让秦国富强吗?我们的目的是使秦国富强,只要能实现这个目标,对旧礼、旧法进行改革有什么不对?"他又举了古今许多事例来说明变法的必要性,反对者个个无言以对。听了他的辩驳,秦孝公非常高兴,也更坚定了变法的决心,便在公元前359年拜卫鞅为左庶长,准备变法。

商鞅变法,秦国大治

卫鞅"徙木立信",取得人们的信任后,在时机已经成熟时,将新法令公布于众。新法令赏罚严明:奖励耕织,奖励军功,实行连坐等。变法顺利进行之后,秦国渐渐强盛。后来,卫鞅进行了第二次变法,主要内容为:废井田,开阡陌;加强王权,实行郡县制,将全国分为三十个县,由中央直接委派县令管理;迁都咸阳,方便向中原扩张。

卫鞅的这些变革触犯了旧贵族的利益,这些贵族暗中勾结太子的师傅公子虔和公孙贾,让他们怂恿太子犯法,给卫鞅出难题。卫鞅知道后严惩不贷。因为不便处罚太子,就在秦孝公的支持下,依据新法削了公子虔的鼻子,在公孙贾的脸上刺了字。此后,无人敢公开反对新法了,但此事也给卫鞅种下了祸根。

新法经过十年的实行,秦国的实力大大增强。秦孝公亲身经历了变法给秦国带来的变化,此后更加信任卫鞅。他将商地封赏给卫鞅,人们因此也改称卫鞅为商鞅。

实力大增的秦国这时得到了诸国的尊敬。秦孝公过生日时,周天子特地派人送礼物过来,封他为方伯,中原诸国也都前来称贺。公元前338年,秦孝公病故,太子即位,是为秦惠文王。他恨商鞅对自己的老师施刑,就以莫须有之罪名捉拿他。商鞅被捕后受车裂之刑。

商鞅虽死,但他的新法已在秦国深入人心。商鞅的变法为秦国的富强打下了坚固的基础,使秦国以后有了统一六国的实力。

齐威王"以令天下"

因姜齐后期的几代君主昏庸无能,齐国迅速衰落下去,丧失了昔日霸主的雄风。田氏代齐之后,衰微的局面尚未得到根本性的扭转。齐国重新崛起是在齐威王的时候。在他的治理之下,齐国再度回到强国之列。齐威王广开言路,虚心接受人们的劝谏,同时又很有主见,不被人们的意见所制约。此外,他赏罚严明,曾有水煮贪官之举,让国人骇然。虽然手段残忍,但

(战国)兽带纹鼎

从此手下的官员谁也不敢再徇私舞弊,都尽力履职,齐国各方面被治理得井井有条。

人才就是国宝

公元前332年,齐威王和魏惠王一同打猎。闲谈之际,魏惠王问起齐国有什么国宝。齐威王回答:"齐国没有国宝。"魏惠王说:"我们魏国这么小的国家,都有十颗大宝珠,光华闪耀,能照亮十二乘车。怎么泱泱齐国竟连一件国宝都没有呢?"齐威王说:"大臣檀子为我镇守南城,让楚国不敢进犯;大臣盼子为我镇守高塘,让赵国人不敢往东侵黄河;大臣黔夫为我镇守徐州,结果相邻的燕人和赵人都想到我齐国来居住;大臣种首,为我防盗缉贼,结果齐国路不拾遗,夜不闭户。这四位官吏光芒万丈,可以照耀千里,岂止是十二乘车呢?"

齐威王的这番话,显示了他非凡的见地和长远的眼光。许多有才能的人,不管出身如何,都能得到他的重用。在齐威王手下为官的,有他的宗亲,如大将军田忌、镇守高塘的大臣田盼子。更多的则是一些出身寒门的人,比如原为"赘婿"的淳于髡;还有孙膑,他为庞涓所害,在魏国遭到大刑,下身残废逃到齐国时,一无所有,但是他凭借出色的军事才能,经过田忌的举荐,最终也被齐威王委以重任。

严刑重赏,以法治国

齐威王能够取得这样辉煌的成就,除了因为他重视且

以法治国的齐威王

善用人才之外，还得益于他赏罚分明，奖惩公正。

一天，齐威王问身边的侍从："满朝大臣中你们认为哪个最好？"没想到他们的答案十分一致，都说阿城大夫最好，又清廉又有为；即墨大夫最坏，欺压百姓，中饱私囊。

后来，齐威王下令召两个大夫入朝。左右侍从暗中窃喜，以为这回要重赏阿城大夫，惩罚即墨大夫了。

这天，文武百官分列两旁，气氛十分隆重。奇怪的是朝堂上还摆着一个大锅，满锅的水被烧得滚沸，热气腾腾。齐威王先让即墨大夫站出来，对他说："前些天，我派人到即墨去考察。他们回来告诉我说，那里收成很好，老百姓安居乐业。这说明你把即墨治理得很好。但因为你没有贿赂过宫廷侍臣，所以他们经常在我面前诬蔑你。我齐国能有你这样的官员，实在是万幸！"

齐威王又叫阿城大夫上来，对他说："你自从到了阿城就美名不断，我身边总有人说你如何能干。但是我派到阿城去考察的人告诉我，他们在那里看到田地荒芜，杂草丛生，百姓缺衣少食，愁苦不堪，但没人敢说实情。这就是你做的好事！你搜刮百姓钱财来贿赂我的侍臣，让他们在我面前说你的好话。像你这种奸佞小人，若不加以重罚，还要国法何用！"说罢，齐威王让武士把阿城大夫抛进了那口沸腾的大锅中。齐威

（战国）龙纹佩

王还要将受过阿城大夫贿赂的侍臣统统扔进锅里,这些侍臣一听,一齐跪倒在地,哀求齐威王饶命。齐威王这才手下留情,只让把几个罪不可赦的侍臣丢进了大锅。经此一举,齐国官场风气肃然,国家被治理得越来越好。

齐威王以严格的赏罚制度来鼓励忠诚正直的为官之道,贬抑谄媚欺瞒的小人之风,起到了惩恶扬善的效果,齐国得以大治。

广开言路,奖励进谏

齐威王刚登上君位的时候,一度沉迷酒色,荒废朝政,淳于髡用"国中有大鸟"之语来劝谏他,他接受了,之后渐渐振作起来。后来又在淳于髡"酒极则乱,乐极则悲,万事皆然"的劝谏之下,放弃了长夜欢饮的习惯。而在邹忌以比美之事讽谏威王不可偏听偏信、以免受人蒙蔽之后,他更是昭告天下,奖励百官及士人以各种方式向他进言。齐威王正是受益于臣下的谏言才成为一位开明君主,而齐国的重新强大同样有赖于此。

齐威王的确是治国有方、成就卓著的一代明君。他善用贤才,革新内政,精心治国,使齐国重振雄风,位居战国七雄之列。此后几百年内,齐国一直保持着强盛的地位,这都和齐威王所做出的努力分不开。

孙庞决战

齐人孙膑与魏人庞涓同效力于魏惠王,庞涓嫉妒心重，使计让魏惠王挖去了孙膑的膝盖骨。孙膑被接到了齐国，受齐威王重用。后来，齐、魏之间的战争轰轰烈烈地展开了，孙膑开始指挥军队与庞涓率领的魏军交战。

围魏救赵，桂陵大战

公元前354年，魏惠王以庞涓为将率兵八万伐赵。赵都邯郸被围，赵国抵抗魏国一年有余，邯郸眼看着就要被魏军攻破，于是向齐国求援。

齐国是魏国争霸所面临的一大劲敌，两国一向互不相容。因此，齐威王接到赵国的求援书信，就于公元前353年命田忌为大将，孙膑为军师，率兵救赵。

田忌接到齐威王的命令之后，就想快马加鞭奔赴邯郸，去和魏兵杀个痛快。孙膑却说："与魏国正面交锋，不管准备怎样充分也会损失兵马。我们应该避开正面，攻其不备。现在魏军主力远在邯郸，国内防备很弱，如果我们攻打魏国的国都大梁，魏军肯定撤兵回救。我们可以在他们回来的路上设下埋伏。魏军长途远奔，又是久战之后，必定疲惫不堪。此战我们可谓胜券在握，损失也不会很大。"田忌一听，觉得实在是妙计，于是率领齐军主力向大梁进发。

齐军兵临城下，魏惠王传书庞涓，命他火速率兵回救大梁。这时魏军刚刚经过苦战攻下邯郸。庞涓留下少量兵力驻守邯郸，率大部队连夜赶回魏国。魏军战士们早已疲惫不堪，齐军事先埋伏在他们的必经之地桂陵。两军相遇，魏军被精力充沛的齐军打得落花流水，庞涓狼狈地逃回了魏国。而先前交战一年才得以占领的邯郸，也很快被赵国收复。

马陵之战，庞涓殒命

经过几年的养精蓄锐后，魏国恢复了元气。公元前342年，魏国进攻实力远不如它的韩国。韩国自知不敌，便发书向齐国求援。

齐威王把握住韩、魏久战之后都已疲惫的时机，再次派田忌担任主将，田婴担任副将，孙膑担任军师来协调双方。齐军再次采用"围魏救赵"的策略，挥师大梁。庞涓只好再一次率兵回来救大梁。在他们到达大梁之前，齐军又见机撤退了。被这样戏弄，魏惠王和庞涓都非常恼怒。于是，魏惠王命太子申率领国中剩余部队前去接应庞涓，

齐魏马陵之战古战场

企图两面夹击，歼灭齐军。

这时，孙膑很有把握地对田忌、田婴说："这次庞涓率军匆忙从韩国赶回来，抛弃辎重，星夜兼程，明显是决心一举消灭我军。可是急行作战，只有十分之一兵力能够先行到达，而且必定是兵马疲惫，装备不全。魏军这么做简直是自取灭亡啊。敌方如此急躁，我们可以再刺激他们一下：他们追赶，我们就撤退，继续制造我军不敢与之交战的假象。一边撤退一边再使点儿花招，就是日渐减少宿营处留下的军灶数量，这样敌人就会以此判断我军兵力逃散，实力越来越弱，以为我军不堪一击而不惜冒险加紧跟进。我们趁机在路上设下埋伏，打敌人个措手不及。"

田忌、田婴大赞此计有道理，于是进行了具体部署：先退兵去往位于鄄邑北面六十里处的马陵——那里地形复杂，有很茂密的树林，也有很深的沟谷，而且道路弯弯曲曲，很适合作埋伏之地。同时命人在退兵途中，第一天挖十万个灶，第二天挖五万个，第三天挖三万个。齐军到达马陵之后，利用那里的复杂地势，砍树堵路，又在道路两旁埋伏下一万多名弓弩手，只等魏军到来。

庞涓真的被减灶之计蒙骗了。他以为齐军士气涣散，退兵三天，大半兵力都已逃亡，于是加快了追赶齐军的步伐。魏军行至地势险要的马陵时，天已经黑了。前方的探子来向庞涓报告："前方道路被许多大树堵住，无法前行。"庞涓急忙亲自去察看。只见道路中间横七竖八地躺着许多树将道路阻断了，只有前面不远处还立着一棵大树。庞涓举着火把走近大树去看，只见树上写着几个大字："庞涓死于此树之下"。就在这时，埋伏的齐军万箭齐发。魏军前不能进，后不能退，一时乱成一团，无数士兵中箭而死。庞涓见状，知道自己已是身陷绝境，于是拔剑自刎了。齐军以排山倒海之势冲杀过来，后面赶到的太子申也被齐军俘虏了。

桂陵之战和马陵之战使魏国的军事实力大大削弱，魏国从此渐渐衰落下去，离霸主的地位越来越远。而齐国则因为打败强魏，声威大振，实力陡增。齐、秦两国取代魏国的地位，成为当时最强的诸侯国。

赵武灵王胡服骑射

公元前326年，赵肃侯逝世。第二年，太子雍登上君位，这就是赵武灵王。他实施"胡服骑射"等一系列改革，使得赵国迅速崛起，成为可以与秦国匹敌的强国。而他的"胡服骑射"政策也在历史上传为美谈，对后世有很大的影响。

强敌环伺，立志强国

赵国在历史上一度十分强盛，后来渐渐实力衰微，以致东边和北边的林胡、楼烦以及与它相

赵武灵王雕像

邻的中山国，都对它虎视眈眈。

公元前325年，赵武灵王登基。他是一位有理想、有气魄的国君，一心想要复兴赵国，决定大胆改革，励精图治。

那时候，北方的胡人总是在赵国边境侵扰，他们长于骑马射箭，穿短衣，骑单马，行动迅速而自如。赢则进，输则退，十分灵活。而赵国兵士却因遵循祖上的传统，穿的是袖子很长的宽大衣衫，行动不便；驾的是好几匹马拉着的木轮战车，进退不灵活。因此在与胡人作战时，屡次失利。

赵武灵王思想开放，能够审时度势，锐意创新。看到这种情况，他产生了让军士们脱下汉服穿胡服、放弃战车练骑射的大胆想法。于是，赵武灵王召见大臣楼缓来商量此事。

赵武灵王对大臣楼缓说："长期以来，我们与胡人作战时屡次失利，跟我们的衣装和作战方式很有关系。首先是咱们穿的宽衣长袖，碍手碍脚，不如胡服那么轻便。此外，我们的战车又大又沉，驾驭起来很不方便，也不如胡人单骑作战灵活。我想让全体将士改穿胡服，学习骑射，你看如何？"楼缓听后眼前一亮，激动地说："大王英明！如果改为胡服骑射，我们一定可以扭转劣势，战胜胡人！"于是，赵武灵王将此事决定下来，并身体力行，穿上胡服做示范，以便引领风气。

力排众议，坚持改革

中原国家素有轻视夷狄之心。当满朝大臣听说赵武灵王要学习胡服骑射时,都觉得不可思议。武灵王的叔叔公子成反应最激烈,一气之下,竟找了个借口干脆不上朝了。大臣肥义对武灵王说:"公子成在朝廷里很有威望,如果能够劝服他,其他大臣就好说了。"

于是,武灵王来到公子成家。公子成还在气头上,看见武灵王那一身胡服,就更生气了。他毫不掩饰地说道:"我只拜中原国君,不拜胡人。您还是换身衣服吧。"武灵王沉下脸色道:"为臣的应该听命于国君,你作为一个老臣,如此和我作对,是何道理?"公子成不服气地说:"为臣的是应该服从国君,可是一国之君怎能背弃祖宗之法?我中原国家文明昌盛,怎能去学那些蛮夷!"武灵王早料到他会这么说,因此心平气和地向公子成讲述了他提倡胡服骑射的原因,最后感慨地说:"我这番举动,岂是

胡服骑射

儿戏？正是为了强大我们的军队，使赵国不再受人欺压。赵国现在处境艰难，稍有不慎，就有亡国的危险。我们怎能守着祖宗传统眼看着胡人把我们打败？我知道您见多识广，这番道理不会不懂。"这一番话说得公子成心服口服，面露愧色。

次日，公子成也穿着胡服出现在朝廷上，引得大臣们一番议论。赵武灵王正式下令让国人改行胡服骑射，公子成也亲自劝说大家。最后，满朝文武百官终于陆陆续续穿起了胡服。不久，穿胡服学骑射就成了整个赵国的一种风气。

胡服骑射，国威大振

胡服骑射在全国推行开来。身穿胡服的士兵和将领们，在武灵王的带领下精心练习骑马和射箭，技术渐渐熟练。不到一年，赵国就培养出了一支装备精良、英勇善战的新式部队。公元前305年，赵武灵王率领这支部队先是击退了中山国，然后又将东胡等部落收归治下。施行胡服骑射七年后，赵国又收复了中山、林胡等国，疆域进一步扩大。

从此，赵国实力大增，声威远扬，实力强大的秦国都惧怕三分。各诸侯国也效仿赵国推行骑射技术，胡服骑射广泛流传，影响深远。

燕昭王金台招贤

公元前314年，燕国统治者为夺取王位展开了内战。燕太子平向齐宣王寻求帮助，齐国却趁机派出大量兵力，一举攻占燕国都城，杀死了燕王哙与子之。太子平也死于战乱。齐国的行为引起各国的抗议，以致齐军不得不撤出燕国。公元前311年，燕公子职在赵武灵王和秦惠王的帮助下继承王位，史称燕昭王。燕昭王是一位贤君，在大量贤臣的辅佐之下，使燕国重新崛起，一跃成为战国七雄之一。

千金买马骨，招揽天下贤

燕昭王登上王位时，燕国国内生产凋敝，民不聊生，到处一片萧条景象。而齐国仍然对燕国垂涎三尺，时时都威胁着燕昭王的统治。作为一位贤君，燕昭王深深地认识到，国家的强盛离不开贤能人士的辅佐。燕国的复兴，必须从求取贤士开始。

但是，贤士上哪里去找呢？太傅郭隗给燕昭王讲了个

千金买马骨

故事:"从前,有一位国君非常希望自己能拥有一匹千里马,他昭告天下,表示愿出千镒黄金来买千里马。但是整整三年,居然没有一个人前来献马。这位国君非常失望。一位侍臣见状,自告奋勇表示愿意出宫为他去搜寻千里马。

"这位侍臣四处探寻,最终找到了一匹死去的千里马。他决定以五百镒黄金买下这匹死马。国君知道后火冒三丈,侍臣解释说:'大王息怒。臣是这么想的,世人听说您愿意以五百镒黄金买马尸,就知道您确实诚心求取千里马,就会相信如果有活的千里马,您一定愿意出更多的黄金。这样就会有很多人来向您献马了。'果然,此后,献马的人很快多了起来。几个月后,这位国君就如愿以偿地买到了三匹千里马。

"如今大王也希望招揽'千里马',郭隗不才,算不上'千里马',但不知是否可勉强算是'马骨'一具呢?您应该礼贤下士,表现出求贤若渴、敬贤如师的诚意,这样贤士就会投靠您,尽心尽力为您效劳了。"

燕昭王听后恍然大悟,当即拜郭隗为师,后来还为他修筑了漂亮的府邸。不久,他又命人筑高台于易水之畔,并置大量黄金于高台之上,以招徕天下贤士。因此这一高台叫作招贤台,也叫黄金台。燕昭王礼贤下士,且善用人才,以贤明君主的形象名垂青史,为后世所称道。

重用贤臣,改革内政

如郭隗所说,燕昭王很快就因礼贤下士名扬天下,各方贤士能人源源不断地投奔到燕王门下,燕国一时之间成为贤才云集之地。

燕昭王牢记齐国大仇,在选用人才时也为日后报仇做了准备。他招揽了一批熟悉齐国地势、了解齐国国情,而且有领兵打仗之能的人才,以厚礼待之。乐毅是这群人中才能最为突出的一位。

乐毅,赵国人,战国中期的著名政治家、军事家。他深谙兵法,在赵国时就很受器重。后来赵国发生政变,他为避祸离开赵国。乐毅受到开明的燕昭王的赏识,来到燕国后被委以亚卿之职,掌管燕国的军政大权。在乐毅的辅佐下,燕昭王进行了一系列内政和军事上的改革。这些改革措施起到了很好的效果,使得燕国百姓生活安定,军队实力大大增强。燕昭王也赢得了百姓的信任,受到燕国上下的拥戴。

苏秦合相六国

秦国在商鞅变法之后,实力大增,逐渐超过其他所有的诸侯国。马陵之战后,魏国的地位渐渐衰落。秦、齐两国成为当时实力最强的国家,双方都想将位于两国之间的赵、魏、韩等国拉拢过来。而这些国家为了维护自己的生存,与齐、秦之间时而联合,时而对抗。所谓的"合纵""连横"就发生在这个时候。合纵,是指南北纵向分布的各弱国联合起来,抵抗齐、秦两国的兼并;连横是指秦或齐拉拢弱国,联合进攻别的国家。其中合纵是苏秦提出的。

游说失败，穷困潦倒

苏秦从小生活贫苦，常常吃不饱、穿不暖。后来他离开家乡，到齐国拜著名的鬼谷子为师，学了好几年的纵横之术。

后来，苏秦自认为已学得了一些本事，就出山求仕去了。他去往秦国，建议秦惠王采取连横策略，以强大的实力吞并诸侯，统一天下。但秦惠王刚刚杀死了变法功臣商鞅，内政尚需稳定。而且，秦国虽强，但在六国面前并不占绝对优势，一旦兼并不成，会成为众矢之的，反而会败于六国之手。秦国还需积蓄力量。因此，秦惠王没有采纳他的建议。

苏秦无可奈何。在秦国太久，带的钱都快要花光了，衣服也穿旧了，只好沮丧地回家了。

悬梁刺股，发愤图强

苏秦家人见他出去闯荡一番，回来一无所有，都对他十分冷淡。苏秦伤心之余，决定振作起来，趁此机会潜心读书。从此，他每天废寝忘食地读书。但几天后，他就开始觉得疲倦了，常常读着读着就睡着了。这让他很苦恼。一天，他又趴在书上睡着了。手臂上突然一阵刺痛，猛然惊醒了。原来是被书案上的锥子刺着了。他马上由此想到了让自己保持清醒的方法，那就是"以锥刺股"。此后，每当倦意袭来时，他就拿锥子扎自己的大腿。一段时间后，他的大腿被扎得伤痕累累。

苏秦刺股苦读

在这段艰苦的读书岁月中,苏秦进一步研究了纵横术,同时分析了各国的形势。最后确定,他今后的事业就是游说六国,让他们联合起来抵抗强秦。

合纵成功,配六国相印

苏秦又一次离家远行。这一次他选择了地方偏远、实力不强的燕国。他向燕文侯分析了燕国的处境:秦、赵两国都想占有燕国,对燕国的威胁很大。秦、赵两国中的任何一个都可以单独打败燕国,但无论哪一方得到燕国,另一方都不会罢休,所以到现在谁也没有得逞。一旦这两国中的一国强大起来,无法抗衡另一个国家的进攻,燕国就会连带遭殃。赵国离燕国比较近,所以燕与赵结盟,联合

苏秦六国封相

抗秦比较可行。燕文侯觉得他分析得很有道理，十分欣赏他的口才和谋略，于是封他为相，并派他去游说赵国。战国时期最盛大的合纵外交活动就此拉开了帷幕。而苏秦也是从这里找到了人生的起点，开始以他超强的个人能力经营合纵事业，最后他成功地建立起六国联盟，达到身配六国相印的辉煌顶峰。

苏秦先让赵国同意与燕国结为盟国，然后一步一步地使燕、赵、齐、楚、韩、魏六国结成由楚国牵头的抗秦同盟。六国一致同意苏秦为纵约长，并授予他各国的相印，让他来管理各国外交事务。六国以这种方式抗衡秦国，秦国不敢进攻其中的任何一个国家。这种稳定的局面维持了十几年，直到秦国以连横策略将其破坏。

张仪连横霸秦

公元前328年，张仪当上秦国丞相，就将他的连横策略付诸实施。秦国的劲敌齐国在公元前317年与楚国结盟，对秦国构成了很大的威胁。张仪施计从昏庸的楚怀王手中骗得了楚国的信任，破了齐楚之盟，然后进一步瓦解了六国合纵联盟。秦国后来吞并六国、一统天下的战争也是在连横战略的基础上展开的。

舌头安在？

张仪青年时期曾与苏秦同在鬼谷子门下求学。公元前338年，张仪离开师门，做了楚国令尹昭阳门下的客卿。后来，昭阳怀疑他偷了自己的家藏玉璧，命人把他痛打了一顿撵了出去。

张仪回到家中，忍着剧痛，用颤抖的声音问妻子："你帮我看看，我的舌头是否还在？"妻子回答："幸好你舌头还在，不然你饭都吃不了！"他却面露喜色，说："只要舌头没事，那就没什么好担心的了。吃饭算什么，最重要的是将来我还要靠它来做大事呢！"

后来，张仪面对苏秦建立的合纵联盟，以连横之计破之：游说六国投靠秦国，以破坏合纵。张仪靠这三寸不烂之舌，纵横于六国之间，凭着对战国后期风云变幻的局势的了解，操纵着当时的政局。

初试锋芒，破纵连横

秦惠王沿用秦孝公确立的"任人唯贤"的政策，继续招贤纳士。于是张仪投奔了秦国,并很快就受到秦惠王的赏识。公元前329年,秦惠王拜张仪为客卿,让他有机会为秦国讨伐诸侯的大业出谋划策。

公元前328年,张仪与公子华率兵攻破魏国蒲阳城。这时,张仪想趁机实践自己的连横策略,于是自告奋勇地恳请秦惠王让他到魏国去任丞相,说他保证可以说服魏国投靠秦国,背弃合纵盟约。秦惠王同意了。后来,魏惠王竟然真的被他说动了,同意与秦国结为同盟。这是六国合纵同盟第一次出现破裂,也是张仪使用连横策略取得的第一次胜利。

入楚骗怀王破合纵

后来,张仪回到秦国,被封为秦国丞相。不久,他又出使楚国,目的是破坏齐楚联盟。张仪诱惑楚怀王说,楚

张仪游说诸国

国有了秦国这个靠山,齐国就不是它的对手了。秦国为表诚意,愿把商於之地六百余里还给楚国。楚怀王大喜,与齐国解除盟约。

随后,楚怀王派人到秦国去接收张仪许诺的土地,不料张仪却对楚国使者说:"我和楚王约定的是六里,哪里是六百里?"楚怀王被骗,恼羞成怒,立刻派兵攻打秦国,却在丹阳惨败,还被秦国夺去了汉中等地。

楚怀王心有不甘,再次调动全部兵力攻打秦国,结果还是失败。双方讲和,楚国又被秦国割去两座城池。秦王提出用商於之地换取楚国黔中之地,楚怀王表示愿用黔中之地换张仪来楚国,让他亲手诛杀张仪。张仪知道后,毫无畏惧之心,自行来到楚国。张仪买通了楚怀王的宠臣靳尚和夫人郑袖,他们帮忙说服楚怀王,放走了张仪。

至此,齐、楚两国从合纵盟约中分裂出来,站在了秦国的一边。

连横成功,封武信君

公元前311年,张仪又接连出使韩、赵、燕等其余几国,成功说服他们抛弃合纵盟约,与秦国结盟,彻底瓦解了合纵联盟。屡建奇功的张仪被秦惠王封为武信君,并得到五座城邑的封地,可谓辉煌一时。不久之后,秦惠王去世,他的儿子荡登上王位,是为秦武王。秦武王看不惯张仪的做法,逼得张仪辞了丞相之位,逃奔魏国,后被任命为魏相。公元前310年,张仪因病在魏国去世。

张仪在辅佐秦国期间,不仅使秦国在外交上屡屡占得上风，而且帮助秦国瓦解了合纵联盟，为秦国的扩张创造了条件。张仪作为纵横家的开山祖师之一，他的机智、他的口才、他的外交策略，给人们留下了深刻的印象。其后的外交家们在语言方式和外交策略方面还深受他的影响。

第一位秦王秦惠王

秦国献公和孝公两代国君都力行变法，使秦国实力大大增强。到秦惠王登基时（前338年），秦国已是首屈一指的强国。秦惠王再接再厉，一举收复了河西的广大土地，控制了直通中原的要道，夺取了汉中和巴蜀，为秦国吞并诸侯、统一天下奠定

秦惠王雕像

了坚实的基础。公元前325年，秦惠王正式称王，成为秦国历史上首度称王的君主。这表示秦国正式参与到中原争霸的行列中来，错综复杂的争霸局面由此更加激烈了。

识人驭人，独揽大权

秦惠王登上王位之后，励精图治，奋发图强，利用秦献公和秦孝公时期为秦国蓄积的超强实力，开创了秦国新的局面。

诛杀商鞅等人是他登基后所做的首件大事。变法渐渐取得成果之后,重权在握、功高震主的商鞅对秦国政权构成了威胁。秦惠王以造反为由,对这位功臣施以车裂之刑,然后又以商鞅造反一事经过查证并无确切事实根据为由,指认公子虔和公孙贾有意诬陷朝中重臣商鞅,将他们二人及与其有牵连的许多人全部处死。

(战国)变形蟠龙纹敦

秦惠王处死了商鞅,但并没有否定他留下的施政方针,沿着商鞅变法后形成的秦国现行政策继续往前走。他仍然像商鞅那样重视严明法度,致力于农业生产,以及积极做好军备工作。其中他在严明法纪方面所做的工作成为秦国后来君主们进行法治活动时参照的蓝本。

同时,秦惠王广招天下贤才,任用了大批来自各国的贤臣良将,这些人给他立下汗马功劳。正是在这些能臣贤将的辅佐之下,秦惠王才将秦国推向了又一个高峰。

打通中原通道

攻打魏国才能获得一条进入中原的通道,秦献公、秦孝公都在这上面花过力气,秦惠公也不例外。从公元前333年到公元前325年,秦惠王花了九年的工夫先后任命公孙衍和张仪率兵攻打魏国。先占领了秦国向中原进发的障碍阴晋,又陆续收复焦、曲沃、陕等地。这样,秦国要去往中原，道路就畅通无阻了。秦献公、秦孝公都曾梦想过的事情在秦惠王时期终于得以实现。后来，秦惠王派兵对这条命运攸关的要道严加把守，使它再没有落入别国之手。

从此，秦国不再是一个隔绝于中原之外的国家，正式进入中原地区的角逐。

秦君称王，逐鹿中原

历史上齐、魏称王开诸侯称王风气之先，秦惠王也在公元前325年正式称王。秦国的实力在秦惠王时期得到了很大的提升。这期间，秦国不仅控制了直通中原的要道，而且攻占了魏国的河西郡和上郡，吞并了巴、蜀，占有了汉中，分别在此设置巴郡和汉中郡。这样，秦国的疆域一下子扩大了好几倍。

获得这几个重要的地方，使秦国拥有了有利的军事形势。一方面，东面的黄河和函谷关天险成为秦国天然的军事屏障，使中原各诸侯国无法轻易进入秦国；秦国在地势上占据高点，对军事进攻十分有利。另一方面，巴蜀、汉中土地丰饶，一直是产粮重地，这使秦国更为富庶，为日后征战四方提供了经济上的保证。此后，秦国又继续扩张，把西北

（战国）玉戚

方向的西戎义渠部收归治下，进一步解除了边境上的隐患。

此时，齐国是唯一能与秦国抗衡的国家。地处中原的魏、赵、韩三国，则被两国争相拉拢。由于秦国的介入，使中原形势更加复杂，激烈的合纵、连横外交大战也由此开始。

借虎斗谏秦王中立

公元前313年，楚怀王在张仪的引诱下，背弃了与齐国的盟约。齐王一气之下，兴兵伐楚。楚怀王急忙派兵迎敌。他很担心秦国趁机攻楚，让楚国两面受敌，于是就去向当时已投奔楚国的陈轸请教对策。陈轸说："请大王派我出使秦国，我为您解决此后顾之忧。"楚怀王就同意了。

陈轸来到秦国。秦惠王故意问他："现在齐、楚对战，你说本王应该支持哪个国家？"陈轸先不回答，而是讲了个故事，说从前有个人叫卞庄子，十分勇敢，敢一个人上山打虎。一天，有个牧童急匆匆地赶来对卞庄子说："糟了！山上来了两只老虎，正在抢我的牛吃呢！"卞庄子一听，就拿起宝剑跑上山去。只见一只大老虎和一只小老虎正在互相厮咬，牛在一边战战兢兢，许多人远远地站在一旁观看。卞庄子提着宝剑正要冲上去杀老虎，被旁边一个人拉住了。这个人说："这两只老虎这么打下去，总有一只会重伤，另一只也会疲劳不堪。那时候你再出手，岂不省了力气？而且还能两虎兼得呢。"卞庄子觉得有理，就站在那里耐心等待。不久，小老虎被咬死，大老虎也受了重伤，在那里重重地喘息。卞庄子上去一剑刺死了大老虎，果然是两虎皆得。讲到这里，陈轸说："现在齐、楚对战，总有一个国家会被打败，而且两军都会有损伤。您不妨等其中一方招架不住了，再加入进去。到时再决定站在谁的一边。"

秦惠王觉得这么做对秦国很有利，于是就没有出动秦军，只是密切关注两军形势变化。陈轸说这番话，似乎是为秦国利益考虑，让秦国可以坐收渔翁之利，其实是为了稳住秦国，避免秦国趁机袭击楚国，使楚国可以全力对付齐国而没有后顾之忧。陈轸高超的游说艺术可见一斑。

乐毅破齐

燕昭王励精图治二十八年，燕国终于渐渐兴盛起来，成为一个百姓富足、国库充实、军队强盛、政治清明，而且上下齐心的国家，跻身战国七雄之列，具备了讨伐齐国、报仇雪恨的实力。

燕王雪耻

正当燕国国力日盛时，齐国在这一时期，对外肆意征战，使得许多诸侯与之为敌。燕昭王认为燕国向齐国报仇的时机已经成熟，决定讨伐齐国。他们设计

乐毅像

激化秦、赵与齐的矛盾,并诱骗齐国吞灭战略地位重要的宋国,使之对韩、魏、楚等国也构成威胁。如此一来,齐国就成为众矢之的了。燕国则加紧派出使者前往魏、楚、赵、秦等国,与他们一一缔结伐齐盟约。五国联盟建立了,乐毅被推举为五国联军的统帅。

公元前284年,乐毅率五国联军开始攻打齐国。齐湣王对此始料未及,匆忙应战。在强大的五国联军面前,齐军几乎不堪一击,结果一败涂地,主力大部分被歼灭。齐湣王领着一些残兵败将仓皇逃回国都临淄。

攻陷齐都

取得这场大捷后,乐毅打算率领燕军前去攻打临淄,说齐军主力已被歼灭,国中混乱无序,如果燕军趁此机会继续进攻,必能攻克齐都。燕昭王同意了他的计划。

乐毅率燕军频频出击,打得齐军节节败退。最后,燕军在秦周(今临淄城西)又一次大败齐军,攻破临淄,将那里的奇珍异宝、金银用具、祭奠器皿等统统占为己有,源源不断地运回燕国。燕昭王收到捷报,非常高兴,亲自到济水之畔去迎接凯旋之师,犒赏全体将士,并将功臣乐毅封为昌国君。

齐湣王失去国都,逃亡到莒地,最后被谎称前来援救齐国的楚国大将淖齿杀死。

在夺取临淄后,乐毅一方面安抚占领区内的齐国百姓和贵族,一方面命燕军分五路继续进攻。仅仅半年之后,燕军就攻克了除莒和即墨之外的所有城池,共七十余座。

然而，乐毅最终还是与吞并齐国的目标失之交臂。公元前279年，燕昭王逝世，燕惠王登基。这位新国君再也没有像燕昭王那样给乐毅以信任，很快就召回乐毅，派骑劫前去攻打莒和即墨。乐毅非常失望，黯然离开燕国去往赵国了。后来骑劫指挥不力，让齐将田单反败为胜，得以复国。乐毅为之努力终生的攻齐大业就这样功败垂成。

蔺相如完璧归赵

战国中后期，列国中只有赵国还能与秦国匹敌，成为秦国的最大敌人。公元前283年，秦国提出用十五座城换赵国的和氏璧。蔺相如代表赵国出使秦国，以他的智慧和胆识实现完璧归赵，赢得这次外交之争的胜利。

临危受命

公元前283年，秦昭襄王觊觎赵国那世间罕有的和氏璧，就传书给赵惠文王，表示愿拿出十五座城池来交换和氏璧。这让赵惠文王觉得很难办。秦国向来横行霸道，不讲信用。要是把璧送去，秦国肯定不会送给赵国城池；不送去，又怕得罪秦国，引来战祸。担任宦官头领的缪贤了解了国君的心

蔺相如雕像

思，就对他说："臣有个才能出众的门客，叫蔺相如，为人勇敢，又善谋略，您不妨派他出使秦国，去解决这件事。"

赵惠文王便召见了蔺相如，问他说："现在秦王提出愿以十五座城来换我国的和氏璧，你认为该答应他吗？"蔺相如说："秦国实力比赵国强，不答应不行。秦国拿城换璧而赵国拒绝的话，那是赵国有负于秦国。赵国给了璧而秦国不给城，那就是秦国对不起赵国了。我愿去秦国送璧，除非秦国把十五座城交到赵国手中，我才把璧给它。"于是赵惠文王就派他带着和氏璧前往秦国。

智斗秦王

蔺相如到秦国之后，秦昭襄王携众大臣高兴地接见了他。蔺相如呈上和氏璧，秦王接到手中细细欣赏，一边欣赏，一边赞叹，然后又让大臣和宫女们一一传看，对换城之事却只字不提。

蔺相如早料到秦王会有此举动，冷静地对秦王说："此璧虽美，但其实有一个隐藏的

蔺相如完璧归赵

瑕疵不易发现，请让我指给大王看。"秦王就把和氏璧递给了蔺相如。不料蔺相如捧着玉璧，迅速走到一根柱子旁边，然后愤怒地说："大王想要用城换和氏璧，我奉赵王之命把璧送来。可现在大王却完全没有拿出十五座城的意思。此刻我手捧玉璧，要是大王定要相逼，我就与这稀世珍宝同归于尽！"说着就做出要把璧往柱子上砸的样子。

秦王急了，忙命人拿来秦国地图，指着上面说："这些就是我准备送给赵国的城池。我秦国堂堂大国，哪里会如此不讲信用？"蔺相如很清楚，这不过是秦王玩的小花招而已，就说："赵王送璧之前，曾斋戒五天。他这么做是为了表示对秦国的敬意。大王接受此璧也应该有同样的礼节，斋戒五天，并举行受璧大典，然后我再将璧进献给您。"秦王答应了蔺相如的要求，并安排蔺相如先住下。蔺相如当晚就让一个随从带着玉璧抄小路悄悄赶回赵国去了。

使巧计完璧归赵

秦昭襄王斋戒了五天之后，召集群臣准备举行受璧大典，谁知蔺相如却是空手而来，对秦王说："众所周知，贵国从穆公到现在，二十多代君主皆非讲信用之人。我担心给了您璧却收不到那十五座城池，有负赵王使命，就命人将玉璧送回赵国了。大王如有诚意，先把那十五座城交给赵国，再命人去赵国取璧，赵国岂敢不给？我骗大王，罪不可赦。大王大可以将我处死，天下人人都会知道大王为了和氏璧杀死了赵国使臣，大王就可以威名远扬了。"

秦昭襄王虽然怒不可遏，但毕竟怕杀了蔺相如，传出去名声不好，就放他回国了。他本来就没打算真的以城换璧，以后也就不再提起此事了。

蔺相如出色地完成了使命，完璧归赵，赵王非常高兴，将他提拔为大夫。

屈原投江

屈原是楚武王熊通之后裔，曾在楚国担任三闾大夫。他在任期间做出了一些成就，让楚国实现了一定程度的振兴。但屈原不善于官场的钻营圆滑，遭到小人的诋毁，最后楚怀王和楚顷襄王全都冷落他。公元前278年，秦国派大将白起讨伐楚国，夺取了郢都。屈原对楚国的希望破灭，在极度痛苦的心情之下，抱石自沉汨罗江。屈原留下很多宝贵的文学作品，对中国的抒情文学有深远的影响。

洁身自好，两遭放逐

屈原从小受到很好的教育，年纪不大就当上了左徒，承担起为楚王起草律令、接待各国来访使者的职责，表现出高超的才华和能力。但屈原为人正直，本来不受楚怀

屈原像

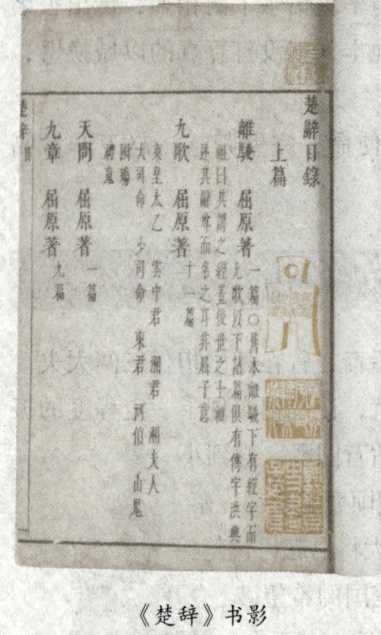

《楚辞》书影

王喜欢,加上一群奸佞小人添油加醋地诋毁,楚怀王渐渐开始冷落他了。公元前305年,楚怀王与秦国签订黄棘之盟,屈原出面劝阻无效,反被楚怀王解除官职,流放到汉北之地。后来楚怀王回心转意,又把他召回了郢都。

楚国在与秦国交战时大败,被秦国夺去了汉中等地,此后一直被秦国欺凌。于是,楚怀王又萌生了与他昔日背叛的齐国重新联合抗秦的想法,就派屈原前去表达歉疚之意,并商量齐、楚再结盟之事。屈原此行圆满地完成了任务,以他出色的才能说服了齐王,齐、楚同盟得以重建。秦昭襄王获悉此事后,觉得这对秦国不利,就派人送信给楚怀王,表示愿意和楚国和平相处,并邀请楚怀王到武关商谈结盟之事。

楚怀王看了这封信后,问计于各位大臣。屈原说:"秦国一向横行霸道,毫无信义可言,我们已经多次受到他们的欺骗和讹诈,大王这次万万不可前去,否则会遭到秦国谋害。"楚怀王之子公子子兰却怂恿楚怀王前去赴约,楚怀王最终被公子子兰说动了,前去赴约。

结果楚怀王一到武关就被秦国囚禁了。一年后，怀王郁郁而终。屈原闻讯，心中充满了悲哀和愤怒，作《招魂》一诗寄寓情感。

后来太子横登基，这就是楚顷襄王。楚顷襄王也是个昏聩的君主，只知道荒淫奢侈，纵欲享乐，对朝政不闻不问。屈原见此状，非常担心，多次上书劝楚顷襄王一心为政，招贤纳士，罢黜小人，兴利除弊，以便振兴楚国。但上书全都被令尹公子子兰和靳尚等一群奸臣贼子所扣压。他们歪曲、篡改这些奏章，并以此为据在楚顷襄王面前诬蔑屈原。结果，屈原又一次被流放，地点是长江以南的蛮荒之地。

报国无门，投江而死

屈原经常独自走在汨罗江畔，边走边吟诵他写下的那些悲伤的诗篇。他和当地的百姓一起劳动和生活，结下深厚的友谊。这期间，屈原写下大量流传千古的诗作，如《离骚》《天问》《九章》等，其中《离骚》最为深入人心。

年复一年艰苦的流放生活，并没有使屈原死心，他总希望有一天楚王会改变主意，再把他召回郢都。但这一愿望始终没有实现。

公元前278年，秦国派大将白起率兵进攻楚国，攻克了楚国国都郢。屈原得知这一消息后悲痛不已。在农历五月初五这一天，屈原抱石沉江。当地百姓纷纷驾船去寻找屈原，但是连他的尸体都没有找到。后来有人往江里扔下饭团和鸡蛋等,说是把鱼虾喂饱了,他们就不会去咬屈原的身体;有人往江中倒下雄黄酒,说这可以把蛟龙水兽药晕,它们就不会伤害屈原了。此后每逢农历五月初五,当地百姓就驾船下水,把鸡蛋、饭团、雄黄酒等撒到江中,以这样的方式来祭奠屈原。这就是我们今天的端午节的来历。

长平之战

战国末期,秦、赵关系进入白热化状态。后来,韩国上党郡守在秦国的攻击下投靠赵国,点燃了两国战争的导火索,导致了规模巨大的长平之战。这场战争持续了近三年,最后秦国战胜了赵国。赵国遭到重创,不再是可与秦国匹敌的强国,因此这一战被后人认为是战国历史上重要的转折点,预示着秦国一统天下的时代就要来临。

廉颇坚守长平三年

公元前270年,范雎被任命为客卿,开始辅佐秦昭襄王。后来,范雎提出"远交近攻"的外交策略,为秦昭襄王所采纳。

公元前262年,秦昭襄王派大将白起讨伐韩国,首战取胜,夺取了野王,把上党孤立起来。形势紧迫,上党郡守冯亭

(战国)髹漆皮甲胄

为了拉赵国站在韩的一边联合抗秦，决定归顺赵国。赵孝成王轻率决定派军队接管上党。

两年后，秦国派大将王龁夺取了上党。赵国驻兵长平以安抚上党百姓，秦军转而进攻赵军。赵国派名将廉颇为将抵抗秦军。由于赵军实力不如秦军，几次交战，赵国屡屡失利。廉颇决定改变战术，以守为主，坚壁清野，希望通过持久战来拖垮远道而来的秦军。因此，秦军屡次挑衅赵军，廉颇都不迎战。双方僵持不下，秦军毫无办法。

纸上谈兵的赵括

然而，赵孝成王见廉颇坚守不出，有些不满。秦相范雎了解到这一情况，提议施行反间计。于是，秦国派人携带重金到赵都邯郸，收买赵王左右，让他们在赵孝成王面前散布流言，说廉颇已经年老不济，没有了当年之勇，不敢与秦军对战，说不定很快就要投降；秦国所害怕的是赵括……赵孝成王经这些人一说，对廉颇更加不信任，就派赵括去代替廉颇。

赵括纸上谈兵

赵括是赵国名将赵奢之子，从小就喜欢钻研兵法，在赵国极负盛名。但赵括从来没有亲自带兵打仗，缺乏战场经验，以至于他的父亲去世前还留下遗言，说不要让赵括带兵打仗，否则会酿成大祸。

赵括的母亲听说赵孝成王要任用赵括为将，立刻觐见，请求不要任命赵括为将。赵孝成王召她进宫来询问原因，她说："赵括的父亲曾留下遗言，说千万不要让赵括为主将。因为他知道赵括虽然懂得不少兵法，但没有带兵打仗的经验，他怕赵括因为身负盛名而被误以为有将才，所以特地叮嘱我。要是大王任他为将，只怕他不仅打不了胜仗，还会误了国家大事。"赵孝成王听了不以为意，偏要一试，还是派出了赵括以接替廉颇。

白起后退诱敌围歼

公元前260年，赵括率领二十万大军来到长平，廉颇将他先前统率的二十万军队也交给赵括。赵括迫切想要取胜，一改廉颇的策略，主动向秦军发起大规模的进攻。

秦国遂任命名将白起为秦军统帅，准备一举打败赵军。白起先设好埋伏，然后故意让赵括打了几次胜仗，使赵括轻敌而更加无所顾忌地追击秦军，结果中了秦军的埋伏，陷入秦军的包围。赵军拼命反击，也没法突围成功。

（战国）彩绘出行图夹纻胎漆奁

秦昭襄王派兵挡住赵国援军，并拦截赵军的粮草。赵括率领的四十万大军没有粮草的补给，没有援兵的接应，被秦军包围了整整四十六天。赵括最后拼死率军突围，结果被秦军乱箭射死。失去主将，赵军更是无心再战，很快就向秦军投降了。

接近四十万的赵国降军，让秦国很难处理。最后，白起做了一个残忍的决定，那就是坑杀赵国降军。于是，四十万大军除二百四十名年纪较小的被放回赵国通报消息外，其余的全都葬身长平。

长平之战成为春秋战国时期持续时间最长、规模最大、死亡人数最多的一次战争。秦国获得胜利，打败了最后一个强敌，统一天下已经是大势所趋。

吕不韦"奇货可居"

公元前265年，秦昭襄王立安国君为太子。安国君的儿子异人得不到宠爱，以人质的身份长期居住在赵国，日子过得很艰难。商人吕不韦与异人接触后，认为他身上蕴含巨大"商机"。于是，他花费人力、物力、财力包装异人，使他逐步成为秦国的掌权者。异人在位时，占领周、赵、卫的大片土地，建立三川、太原、东郡，为嬴政统一六国打下基础。

投机政治，扶持异人

秦昭襄王的儿子安国君妻妾成群，有二十多个儿子。

华阳夫人虽最得他宠爱，但不能生育，所以安国君一直没有立继承人。异人的生母是夏姬，安国君不喜欢她，也就不喜欢这个儿子，因此异人一直以人质的身份留在赵国。

（战国）女郎山出土的双人长袖舞俑

韩国阳翟有个大商人叫吕不韦，他在赵国都城邯郸做生意时，意外遇到落魄潦倒的异人。吕不韦认为异人十分聪颖，是可塑人才，他心中盘算着："这是奇货，可先囤积起来，之后作笔大生意。"

吕不韦经过一番准备，前去游说潦倒失意的异人，说："你身为秦国王孙，却生活得这样贫困，我有能力帮你摆脱困境。"异人听出他话里有话，于是赶紧请他上座。吕不韦说："你的父亲安国君被立为太子，我愿助你成为他的继承人。"异人叹息道："这我可不敢奢想。兄弟二十几人，继承人远远轮不到我。"吕不韦分析说："你父亲身边最得宠的女人是华阳夫人，可是她不能生育。所以只要你能讨好华阳夫人，你就有成为继承人的可能。"

异人见他言之有理，非常高兴，许诺道："如果我成为国君，定会与你共享秦国天下。"吕不韦于是散尽家产，一部分让异人结交天下的英雄豪杰，以壮声名；

另一部分,他用来购买珍宝,然后亲自到秦国为异人上下活动。

游说华阳夫人

吕不韦到达秦国后,先贿赂华阳夫人的姐姐,给她许多财物,让她在华阳夫人面前夸赞异人。华阳夫人的姐姐收下礼物,把珠宝等物献给华阳夫人,又在华阳夫人面前大力颂扬异人。趁华阳夫人高兴之际,她又进言道:"现在你倚靠美色独享宠爱,可当你年老色衰时,你凭什么享受荣华富贵呢?你没有自己的儿子。如今好不容易遇见既聪颖又具有孝心的异人,何不认他做儿子,让他成为安国君的继承人?"这一番话正中要害。于是,华阳夫人寻找时机对安国君说:"我受您宠爱,非常荣幸,但无法生育,又十分遗憾。异人聪颖孝顺,是个人才,我想让他成为我的儿子,日后继承你的君位,而我年老后也有倚靠。"安国君痛快地答应了她的请求,并命人刻了一块玉

(战国)双龙玉璧

牌给异人作凭证。

华阳夫人是楚国人，异人就将自己的名字改为子楚。华阳夫人得知后更加高兴。之后，子楚的地位逐日上升。安国君认为吕不韦很有才能，于是请他做子楚的老师。吕不韦有一美姬赵姬，据说已经怀孕，吕不韦将她送给了子楚。赵姬日后产下一子，取名政，就是后来的秦始皇。凭借这个儿子，赵姬成为子楚的夫人。

官至丞相，大放异彩

公元前257年，秦军围困赵国邯郸，赵国欲处死子楚。吕不韦以六百两黄金贿赂赵国的守城官员，才使子楚顺利逃离赵国。公元前251年，秦昭襄王因病去世，安国君继承王位，即秦孝文王，子楚成为太子。一年后，秦孝文王去世，子楚继位，即秦庄襄王。吕不韦成为相国，踏入秦国的政治舞台，秦国从此进入吕不韦擅权时期。

早在公元前256年，秦昭襄王就灭掉了

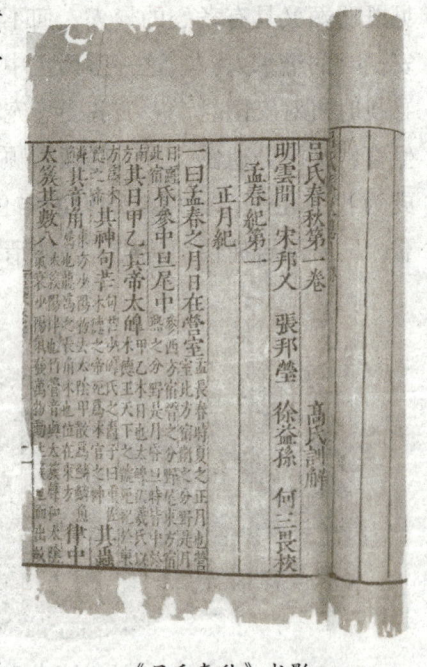

《吕氏春秋》书影

西周。不过，在原周王室境内还有一个小封国东周公国仍然存在。公元前249年，已经危在旦夕的东周公国在巩地联合各诸侯国，意图组成联盟攻打秦国。但这正好为吕不韦灭东周公国提供了最好的借口。最后，秦国大胜东周而将其领土纳入自己的版图，

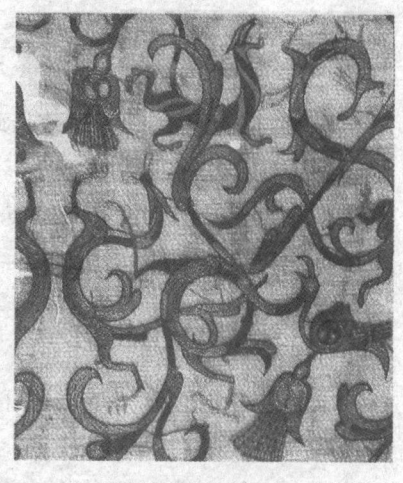
（战国）龙凤虎纹绣罗

消灭了一统天下过程中最后的一个障碍。吕不韦虽然消灭了东周残余势力，但依然保存东周之祀，为自己赢得了崇奉礼义的好名声，也赢得了士人之心。于是，大批士人纷纷投奔秦国。

公元前247年，秦庄襄王因病去世，嬴政继位，年仅十三岁。秦王嬴政尊吕不韦为仲父。之后，吕不韦坐在章台宫大殿秦王御座的右侧直接处理政务。他不疑心元老旧臣，广泛地招贤纳士，使秦国在军事和政治上都更加富有生气。

吕不韦手握朝政大权，有门徒三千人。为名垂青史，他命府中门人编撰《吕氏春秋》。此书内容驳杂，有儒、道、墨、法、兵、农、纵横、阴阳家等各家思想，从而开创杂家体例。吕不韦在政治上充分显现了他作为一个商人的精明。不过，正是商人的精明最终断送了其性命。

秦王嬴政亲政

公元前238年,秦王嬴政亲政,经过数年的部署和征战,终于在公元前221年实现大一统。自春秋以来五百余年的诸侯割据纷争的局面终于结束,建立起我国历史上第一个中央集权的封建君主制国家——秦。

苦尽甘来,登上王位

嬴政出生时,其父子楚一直作为人质被扣押在赵国,嬴政少年时代是在邯郸度过的。后子楚回到秦国,并继承王位。此时,嬴政和母亲赵姬还留在赵国,又是吕不韦花费巨额财物才将母子俩接回秦国。

公元前247年,嬴政继承王位,当时才十三岁。由于年纪太小,相国吕不韦掌握朝政大权。其实,吕不韦认

(秦国)骑马武士俑

识太后（赵姬）在先，后把赵姬献给子楚。此时，二人旧情复燃，又开始私通。但随着秦王嬴政年岁渐长，吕不韦担心此事会被嬴政发觉而对自己不利。于是，他想出了一个计策以摆脱赵太后，将门人嫪毐推荐给太后。为使嫪毐顺利进宫，吕不韦先打通各个关节，使嫪毐不受腐刑而装成太监进宫服侍太后。赵太后十分宠爱嫪毐，不仅赏赐他丰厚的财物，还赐封他为长信侯，占有山阳、太原等地。嫪毐与赵太后有两个私生子，他还常以秦王嬴政的假父自居，并逐渐形成了一股强大的势力。

后来，吕不韦和嫪毐各自拉帮结派，为争夺权力勾心斗角。嬴政还没有亲政，但国家已有两个政治集团与君权对峙。

平定嫪毐之乱

公元前239年，秦王嬴政二十一岁。按照秦国制度，他第二年就可以亲政。而此时，吕不韦公布《吕氏春秋》，嫪毐分土封侯，两个政治集团都向年轻的嬴政示威，嬴政面临着严峻的考验。

虽然吕党和后党的气焰日炽，但秦王嬴政一直隐而不发。公元前238年四月，嬴政按照原订计划前往秦国故都雍城举行加冠礼。嫪毐与贵臣边饮酒边对弈，因醉而口角，嫪毐情急中忘乎所以，怒斥贵臣说："我乃国王的假父，你这个穷小子敢惹我？"贵臣心惧而逃走，并向嬴政揭露嫪毐与太后的隐私。此事被嫪毐得知，他马上伪造秦王御玺和太后玺偷偷返回守备空虚的咸阳，企图发动军事政变，杀死嬴政。不料，嬴政对此早有准备，迅速命相国昌平君、昌文君带领军队攻打嫪毐。激战之后，嫪毐及其党羽兵败逃跑。嬴政发布通缉令："有生擒毐者，赐钱百万；杀之，五十万。"不久，嫪毐和他的党羽都被捉住。九月，嫪毐和党羽在咸阳闹市被施以车裂的刑罚。嬴政还诛灭嫪毐三族，包括与太后的两个私生子。在此事中被株连、剥去官爵流放的多达四千多家。

（燕国）鸮首三足匜

罢免权相吕不韦

嫪毐事件也牵连到吕不韦，毕竟是吕不韦将嫪毐献给太后的。嬴政这时已有杀吕不韦之心，并想趁机肃清吕党。不过，吕不韦功勋卓著，在朝野很有影响力；自己刚亲政，根基不稳，因此不能操之过急。

公元前237年，嬴政已经牢牢掌握了国家政权，于是罢去吕不韦的相国职位，还将他的封地迁往洛阳。吕不韦在洛阳居住的一年时间里，关东六国的君主一直派人和他联络。嬴政十分震惊。为防止吕不韦叛变，嬴政于公元前235年给吕不韦写了一封信，信中尽是藐视和侮辱的言辞。吕不韦思索再三，认为嬴政不会放过自己，就服毒自杀了。他的门人秘密地把他埋葬在洛阳北邙山。

嬴政得知此事后，不仅把吕不韦全家男女老少都贬为官府奴隶，还大肆搜捕吕不韦的门人弟子。仅用了三年时间，秦王嬴政就相继清除了嫪毐和吕不韦集团，扫清了执政路上的障碍。

荆轲刺秦王

秦王嬴政继承王位后，不断扩张领土，灭掉韩、赵两国后，又出兵逼近燕国。燕国太子丹惊恐万状，于公元前227年派荆轲刺杀秦王，不过以失败告终。

燕太子丹的计划

秦王嬴政倚仗强大的军事力量四处征讨，力图消灭六国。燕国无力抵抗秦国，多座城池都被秦国占领。太子丹原是燕国留在秦国的人质，他见秦国吞并六国的气势越来越盛，心里非常怨恨秦王嬴政，一心想诛杀他。他决定花费巨资寻找刺客，刺杀秦王嬴政。后经人推荐，太子丹结识了荆轲。

（战国）镂空蟠虺纹柄短剑

荆轲，卫国人。卫国灭亡后他四处游历，最后来到燕国。在燕地，他结识了高渐离，并与之成为好友。荆轲"好读书击剑"，为人深沉而有学问。太子丹封他为上卿，礼遇甚佳，希望他最好能胁迫秦王签订有利于燕国的条约，不行的话再将他杀死。荆轲为报答太子丹的知遇之恩，最后答应刺杀秦王。

壮士一去不复返

公元前228年，秦国大将王翦攻入赵国都城邯郸。秦国大军逐渐北进，已逼近燕国边境。

太子丹万分着急，坐立不安，前往荆轲住处，说："现在只能派勇士以使臣的身份拜见秦王嬴政，趁机杀

荆轲刺秦王

荆轲塔

死他。你认为这样可行吗?"

荆轲回答道:"可行。但要接近秦王嬴政,必须让他相信我们是诚心求和的。燕国督亢的土地最肥沃,秦王早就垂涎三尺。秦国大将樊於期流亡到燕国,秦王以重金悬赏通缉他。只要我带上樊将军的人头和督亢的地图前去拜见秦王,他定会接见我,我也就有机会接近他了,这样才可以对付他。"太子丹说:"督亢的地图没问题,但樊将军已经投靠我,我怎能杀他呢?"

荆轲义士像

荆轲见无法勉强太子丹,又劝樊於期为他刺秦自刎,然后割下了他的头颅。

太子丹将一把锋利无比的匕首交给荆轲,并派燕国另一勇士秦舞阳随同荆轲前往秦国。

公元前227年的深秋,荆轲和秦舞阳起身赶赴咸阳。太子丹和知道这件事的宾客穿一身素衣,在易水河边为他俩饯行。荆轲的好友高渐离击筑,荆轲和着曲调而歌:"风萧萧兮易水寒,壮士一去兮不复还。"歌声凄凉、悲怆,闻者无不哭泣。接着,乐曲又变成慷慨激昂的羽声,人们怒目圆睁,怒发冲冠。太子丹为荆轲斟满酒,荆轲一饮而尽,转身上车,飞驰而去,始终没有回头望一眼。

面见秦王,图穷匕见

荆轲到达咸阳,以使者的身份拜见秦王嬴政。秦王嬴政得知他们送来樊於期的人头和督亢的地图,非常高兴,以九宾之礼在咸阳宫接见荆轲和秦舞阳。荆轲双手捧着装有樊於期人头的木匣,秦舞阳则手捧地图,来到王宫。咸阳宫戒备森严,侍卫众多,秦舞阳吓得脸色发白,浑身乱抖。秦国侍卫很惊讶,荆轲扭过头向秦舞阳一笑,向秦王谢罪,说:"他是燕国乡下人,从未见过像您这样威严的君王,因此害怕。请大王见谅。"

但秦王还是有了戒心,他只让荆轲一人带着木匣和地图过去。木匣打开后,秦王嬴政发现里面的确是樊於期的人头,十分高兴,又命荆轲献出地图。荆轲缓慢地打开地图,正当秦王嬴政阅览之时,地图已完全展开,现出匕首,荆轲拿起匕首就向秦王刺去。秦王大惊,急忙闪躲,却被荆轲拽住了袖子。眼见荆轲的匕首向胸口刺来,秦王慌乱中挣断袖子,转身而逃。荆轲手拿匕首,紧紧追赶。秦王嬴政以朝堂上的铜柱子为掩护,左右躲闪,两个人直围着柱子转圈。

(战国)错金鹿纹弩机

在这危急时刻,御医夏无且用自己的药袋砸向荆轲。荆轲错愕时,秦王嬴政趁机拔出宝剑,砍向荆轲,正中他的左腿。荆轲因伤跌倒在地,遂将匕首掷向秦王,秦王闪过,匕首击在铜柱上,溅出火星。秦王见荆轲已没有武器,赶上前又刺荆轲几剑,然后召来侍卫,杀死荆轲。而秦舞阳早被外面的侍卫砍为肉酱。

秦王嬴政大怒,于是下诏增加伐燕的兵力,大举进攻燕国,于公元前222年灭燕。

荆轲刺秦王虽以失败告终,但荆轲勇猛、侠义、不畏强暴、舍生取义的精神却成为有志之士的榜样。

战国文化与百家争鸣

墨子的"兼爱""非攻"

墨子,名翟,春秋末战国初鲁国人,墨家学派创始人,也是一位杰出的自然科学家。他曾游历各国,东到过齐,西到过郑、卫,南到过楚、越。他著有《墨子》一书。《墨子》是墨家学派的著作汇总,由墨子和他的弟子及后代学者编著而成。墨子一直倡导"为万民兴利除害",并付诸实践,墨家门徒游走于各诸侯间,希望他们停止战争,安抚百姓。

兼相爱,交相利

墨家学派代表着当时众多小生产者、小私有者阶层的利益。在墨家学说中,有"天志""明思"等殷、周的传统思想,也有"非命""兼爱"等发展创新的内容。墨子指出,儒家的"仁"并不兼爱,故不能

墨子塑像

称为真正的"仁"。他认为天下兼爱,则国家大治;而天下大乱,则是因为人与人之间的不相爱。臣和子都不孝,君和父也不慈,"诸侯之相攻国",以及盗贼害人,这些都是不互爱的结果。如果天下人能做到"兼相爱""爱人若爱其身",则天下太平。

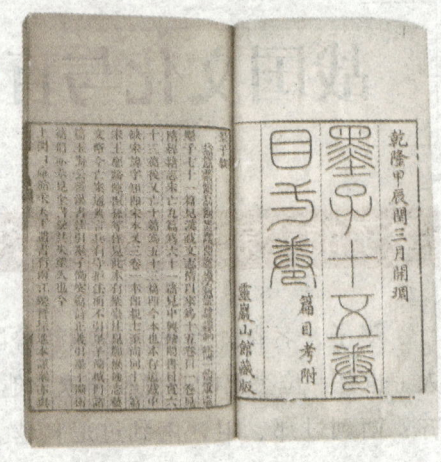

《墨子》书影

墨子提倡"慈"和"孝",但反对"孝悌"以"兼爱"为本,更不赞成有等差的爱,因此他的"兼爱"学说是与宗法等级制度相悖的。墨子还指出"兼相爱"和"交相利"互相融合,这是对子思学派"义""利"合一思想的继承和发展,将伦理道德和功利主义结合在一起。

"非攻",反对不义战争

墨子的"非攻"内涵与"兼爱"一致,都是反对侵略战争,认为侵略战争是非正义性的犯罪行为,这体现了墨子心系和平的情怀。

春秋末战国初,诸侯连年征战,农、工、商、士等庶人阶层和低级贵族都深受其苦,因此渴望和平,而墨家成为他们的代言人。墨家著作《墨子·非攻下》中指出,被攻打的国家和攻打他人的国家,都是战争的受害者,而兼并战争还会导致"兼国覆军,贼虐万民"。墨子认为,弱小国家应结成联盟,一起抵抗强国的兼并。此理论开创战国"合纵"的先河。按照墨家的学说,统治者如果做到"宽吾众,信吾师","则天下无敌矣"。此学说发展了孔子的"为政以德",开启了孟子的"王道"思想。虽然墨子主张"非攻",但他不反对防御战争。

摩顶放踵,利天下为之

墨子的一生都在为正义事业四处奔走,穿梭在各国之间,宣传自己的政见,施以"兼爱""非攻",以求实现自己的政治理想和伟大抱负。

墨子在国家治理方面,也提出了众多进步的主张。政治上,他认为君主应当"尚贤使能",需招贤纳士;在人才的选拔上,应做到"不辨贫富、贵贱、远迩、亲疏",以及"官无常贵,而民无终贱";他还提出节用、节葬、非乐的思想,这些思想直至今天仍有积极意义。

墨子对"命运"学说持反对态度,成为先秦思想家中第一个明确反对"命定论"的人。墨子不仅是政治家、哲学家,他在自然科学、文化教育、逻辑学、军事防御、工程技术等方面,也都有杰出的贡献。他关于宇宙观、力学、数学、光学的见解,与近代科学原理相差无几。

墨家学派虽然在先秦贵为"显学",但到汉代就衰败了。不过,其精神一直在我国民间流传着,对我国文化产生了广泛而深远的影响。

亚圣孟子

孟子,名轲,字子舆。他师从子思,尊崇孔子。孟子生活在"百家争鸣"时期,"杨朱、墨翟之言盈天下",而他以儒家的立场对此进行严厉批判。孟子游历过齐、晋、宋、薛、鲁、滕、梁等国,宣传"仁政"和"王道"思想。当时,诸侯国长年进行兼并战争,无暇顾及他的治国思想。于是孟子开始著书立说,提出一套完整的学说体系,对后世产生了深远影响。孟子被后世儒家学派尊为"亚圣",即仅次于孔子。宋代以后,世人把孔子与孟子的思想合称为"孔孟之道"。

孟子像

"仁政"与"王道"思想的确立

作为儒家思想的忠实追随者,孟子继承并发展了孔子"仁"的思想。他指出,统治者对人民应当施行"仁政",而不能施行"暴政"。孟子认为人性本善,"恻

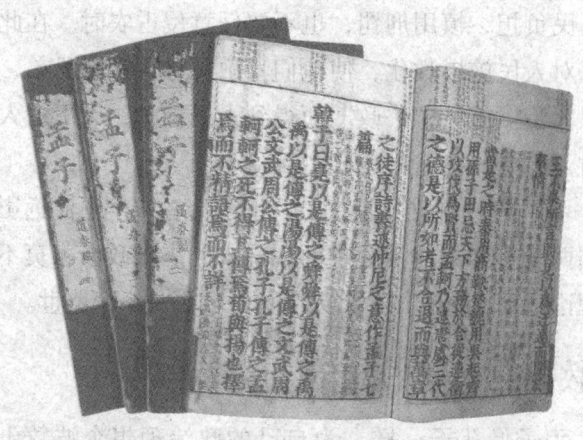

《孟子》书影

隐之心""羞恶之心""辞让之心""是非之心"为"四端",都是人一出生就有的特性,是"仁、义、礼、智"四德的基础。一个人如果修养"仁、义、礼、智",就会培养出浩然正气,成为一个"大丈夫"。如果再能"心志统气",就能成为有德之人。

因为人都有"恻隐之心",作为统治者,只要"以不忍人之心,行不忍人之政",则"治天下可运之掌上"。他还以"行仁政而王,莫之能御"说明实施"仁政"的重要性。为政必须依仁而行,不仁只能自取灭亡。"仁政"构成了孟子政治学说和社会理想的最基本内容,"性善论"是对其思想主张的最好诠释。

"仁政"思想并不是孟子政治理想的最高境界,"王道"才是其"仁政"思想的升华。孟子指出,必须保证人民"有恒产",这样才能安居乐业。其次,统治者应该减轻人民负担，慎用刑罚，也不要任意侵占农时。在此基础上，对人民施以教化，使他们孝敬父母，和睦兄弟，天下得以大治。施行"仁政"而得到人民拥护，天下之人纷纷归附，上下一心，天下无敌。

孟子的"仁政"思想对后世统治者产生了深远影响，我国两千多年封建社会中涌现出来的杰出政治家莫不以此为理论基础，以"仁"治天下，开创了一个个盛世。

传教授业，著书立传

孟子像孔子一样，为自己的政治理想奔波数十年而无所获，便于晚年时归隐故乡，与自己的弟子一起著书立说，终成《孟子》一书。此外，孟子学习孔子，也收门徒、办私学，宣传自己的学说。他极为重视人才的培养，曾说"得天下英才而教育之"。在教学上，他因材施教，并鼓励学生多动脑、勤思考。孟子还强调学习时应聚精会神、锲而不舍。

孟子是我国著名的儒学大师，他继承和发展了儒家学说，被后人尊为"亚圣"，其地位仅次于孔子。孔子和孟子提出的儒家思想和政治路线，被称为"孔孟之道"。儒家学说之所以能在两千多年的封建社会中占主导地位，孟子功不可没。

逍遥之祖庄子

庄子，名周，宋国人，道家思想的集大成者，对我国古代的哲学、文学以及其他艺术领域都有深远的影响。"老庄学说"与"孔孟之道"是我国国民精神的源头。庄子淡泊名利，逍遥而自由，一生没参与过重要的历史事件。

逍遥无为，笑傲王侯

庄子"尝为蒙漆园吏"，不过时间并不长。他一直过着清苦的生活，清心寡欲。尽管物质贫乏，他仍将权力、金钱视如粪土，孤芳自赏。楚威王曾派使者带重金拜访庄子，请他出任令尹。庄子却宁可像泥鳅一样在污泥中生活，但求自由、愉悦，也不愿侍奉楚王。

宋国人曹商作为使臣出使秦国，受到秦王的赞赏，被秦王赐予了一百辆车。曹商大喜，向庄子炫耀。庄子不紧不慢地说："我听说秦王染病在身，遂广请医生，医好一个疮就赏一辆车。不过，为秦王舐痔疮就能得到五辆车。手法越低劣，所得到的赏赐就越多。你对秦王做了什么才得到百辆车呢！"曹商听罢，羞愧地溜走了。

庄子像

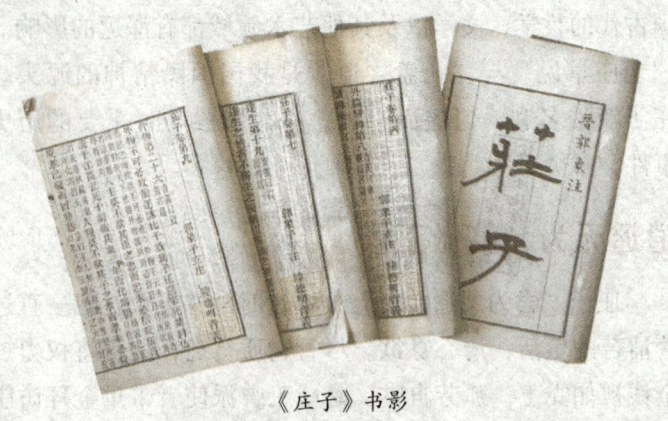

《庄子》书影

庄子用嘲笑和讽刺的语言批判了崇尚功名、富贵的世俗人生观，可谓一针见血。从中，人们也可以看出他耿直自傲、洒脱不羁的人格，以及追求自由的人生观和价值观。庄子的人格和价值观对后人产生了不可估量的影响，成为中华民族丰富的精神遗产。

顺从天道，独成一家

在哲学思想上，庄子继承并发展了老子"道法自然"的理论，使道家正式成为一个学派。庄子指出，"道"客观而真实地存在，"道"也是宇宙万物的本源。他认为"天"与"人"是两个相互对立的概念，"天"指自然，"人"指"人为"的一切，二者相悖离；且"人为"二字合起来是一个"伪"字。故应顺应天道，抛弃"人为"，摒弃人性中"伪"的杂质，只留下清明。顺应天道而与天地相通，即为"德"，这是庄子一直倡导的。

庄子提倡"无为而治"。他认为"仁义"和"是非"

是施加在人身上的刑罚,因此反对统治者的"仁义"和"法治"。不仅如此,他还批判社会中的权和势,认为"圣人不死,大盗不止""窃钩者诛,窃国者为诸侯",这些见解非常独特。至于人类怎样生存,他的观点是"天地与我并生,万物与我为一",即享受自然,返璞归真。

对话髑髅,参透生死

庄子一生清贫,但他已经超越物质享受而达到精神自由自在的境界。他不仅轻视功名,不屑利禄,连对死亡都有豁达而乐观的看法。

据说,庄子前往楚国,在路上看见一髑髅,就用马鞭敲它,问道:"你是因为贪求生命、失却真理才死的吗?还是因为国破家亡而被刀斧所诛而死?你是有不善的行为而愧对父母妻子才死的吗?还是因为遭受寒冷饥饿而死?抑或是寿终正寝的自然死亡呢?"问话完毕,庄子枕着髑髅就睡着了。

半夜里,髑髅出现在庄子的梦中,说:"听你刚才说的话,你像一个辩士。你刚才提到的那些情况,都是活着的人的

(战国)曾侯乙墓出土的钟虡铜人

累赘,死了之后就没有这些问题了。你想听死后的乐趣吗?"庄子说:"想听。"髑髅接着说:"死后,没有君臣上下之分,没有为生存奔波的四时之事。四处游历,以天地为春秋,就算面南为王也不能和这种乐趣相比啊!"庄子不信,说:"我让阎王使你复生,归还你的肌肉骨骼,让你父母、妻子、朋友、邻居回到你身边,你愿意吗?"髑髅听罢,十分不高兴,愁眉苦脸地说:"我为什么要放弃快乐的事而去世间受罪呢?"

这篇寓言里,庄子将死亡看成是无与伦比的快乐之事。死比生要快乐,那自然不会畏惧死亡了。

后来,庄子在嬉笑中闭上了双眼,潇洒而逍遥地走完一生。对庄子而言,死恰恰是一种解脱,肉体回归自然,灵魂得到释放,可以在无涯的天地间尽情遨游。

法家集大成者韩非

韩非,战国末期韩国人,出身贵族,有《孤愤》《说难》等著作。他以荀子为师,但精通"刑名法术之学"。在"性恶论"的基础上,融合法、势、术三家思想,完备了法家的理论体系,使其严密而系统。韩非是法家思想的集大成者,在统一的封建中央集权国家的建立中,他的思想起着理

韩非子像

论指导作用。

师从荀子，另辟蹊径

韩非大约出生在公元前280年。年轻时，他与李斯同是荀子的门下，不过他更加才华出众，李斯自叹不如。虽以荀子为师，但他没有继承、发展儒家思想，反而"喜刑名法术之学"，并"归本于黄老"，继承和发展了法家思想，最终成为法家的代表人物。

在战国时期的七个诸侯国中，韩国实力最弱，而且江河日下。韩非曾多次向韩王进谏，建议韩王变法图强，革除治国不务法制、养非所用、用非所养的弊政，但其意见始终不被采纳。郁郁不得志的韩非开始从"观往者得失之变"中探寻由弱变强的道路，先后写出了《孤愤》《五蠹》《内外储》《说林》《说难》等篇章。

韩非的思想和理论很直接，那就是服务于君王，维护和巩固君王的权势和地位，保证其至尊地位。

"法、术、势"相结合

战国时期，新兴的地主阶级为维护政权，迫切需要与

（战国）毛笔及笔筒

之适应的理论做指导，而韩非的法家理论正好适应了他们的需要。韩非将商鞅的"法"、申不害的"术"、慎到的"势"融为一体，第一次指出法、术、势是统一而不可分割的。

地主阶级要实行政治革新，彻底消灭奴隶制，韩非指出只有通过变法才能实现。国家要实行法治，因为法是国家最基本的规章制度，是立国的根本。除君王外，所有的臣民都必须遵守。

韩非指出，对待行政官吏，应任法不任贤，必须严格考核。对于商鞅"以刑去刑"的思想，韩非予以继承，并主张重刑厚赏。应特别注意的是，韩非第一次明确提出"法不阿贵"的思想，指出"刑过不避大臣，赏善不遗匹夫"，这是我国古代法制思想的巨大进步，对于扫除贵族特权、维护法律正义有重要的影响。

（战国）蟠螭纹高柄豆

韩非认为，要推行法治就必须掌有权势。在他看来，统治者要想成功治理国家，是离不开"人为之势"的。统治者不仅要掌握政权，还需借助这种力量行法用术，驾驭人民。如果有法有势但无术，政权不会稳固，君王无法得到利益。因此，他同样强调"术"的重要性，认为"术"是"藏之于胸中，以偶众端，而潜御群臣"的工具，君王不露声色，但赏罚大权尽在掌握中。法、术、势三者的统一结合，形成了一个严密的政治思想体系，这个体系成为封建地主阶级建立统一的中央集权国家的工具。

除此之外，韩非继承、完善并发展了老子的思想，提出"道"构成天地万物，是最根本的东西。他坚决批判复古主义，提出"世异则事异，事异则备变"的主张。在如何识别事物、明辨是非方面，韩非提出了"参验"的方法，并从新兴的地主阶级立场出发，提出了一套新的伦理学说和社会学说。他非常认同荀子的性恶论，以此出发提出人生下来就好利的观点，也正是这种"好利"才推动了社会的发展，促进了人与人之间的合作。所以说，利害关系才是人类唯一的社会关系。趋利避害是人之常情，不仅不应责难，还应成为国家执行赏罚的依据。

韩非是先秦时期最后一位法学大家，他的法家思想，比如法治、建立中央集权政权等，都反映了当时新兴地主阶级的要求，也顺应了社会发展潮流，在当时有进步意义。他所创立的封建专制理论和法家学术思想冠绝一时，为中国第一个中央集权制的封建国家秦国的统一做出了杰出的贡献。

（战国）白玉辅首

同窗排挤，死于非命

韩非的著作流传到秦国，秦王嬴政读罢《孤愤》《五蠹》后，非常赏识他的才华见识。但他当时并不知道书籍的作者是谁，于是问丞相李斯，李斯据实回答，秦王嬴政这才知道韩非。为见到韩非，秦王嬴政派军队进攻韩国。虽然韩王一直没有重用韩非，但此时情况紧急，又迫于群臣的压力，就派韩非出使秦国。秦王见到韩非后十分高兴，大加赞赏。李斯因此不悦，他担心自己的地位不稳，于是对韩非大加诽谤。秦王嬴政也顾忌韩非是韩国宗室，所以并没有马上重用他。

公元前233年，韩非上书劝谏秦王，应先伐赵国，后伐韩国。此建议被李斯和姚贾等人抓住把柄，他们在秦王嬴政面前进献谗言："韩非毕竟是韩国贵族子弟，一定会全心全意地保全韩国，而不是竭力为大王一统天下服务。如今，大王留他而不用，放他回国等于放虎归山。大王不如找个罪名将他杀掉。"秦王嬴政听后，感觉李斯说得很有道理，于是将韩非交执法官审讯。李斯看准时机，为韩非送去毒药。韩非想面见秦王嬴政，自陈心迹，却被李斯设计阻止。等秦王嬴政将问题想清楚、要赦免韩非时，韩非早已被害了。

书 目

- 001. 三字经
- 002. 百家姓
- 003. 千字文
- 004. 弟子规
- 005. 幼学琼林
- 006. 增广贤文
- 007. 格言联璧
- 008. 龙文鞭影
- 009. 成语故事
- 010. 声律启蒙
- 011. 笠翁对韵
- 012. 千家诗
- 013. 四书
- 014. 五经
- 015. 诗经
- 016. 易经
- 017. 论语
- 018. 孟子
- 019. 老子
- 020. 庄子
- 021. 鬼谷子
- 022. 诸子百家哲理寓言
- 023. 战国策
- 024. 史记
- 025. 三国志
- 026. 快读二十四史
- 027. 中国历史年表
- 028. 贞观政要
- 029. 资治通鉴
- 030. 中华上下五千年·夏商周
- 031. 中华上下五千年·春秋战国
- 032. 中华上下五千年·秦汉
- 033. 中华上下五千年·三国两晋
- 034. 中华上下五千年·隋唐
- 035. 中华上下五千年·宋元
- 036. 中华上下五千年·明清
- 037. 孙子兵法
- 038. 诸葛亮兵法
- 039. 三十六计
- 040. 六韬·三略
- 041. 孝经·忠经
- 042. 孔子家语
- 043. 颜氏家训
- 044. 了凡四训
- 045. 曾国藩家书
- 046. 素书
- 047. 长短经
- 048. 本草纲目

049. 黄帝内经	075. 朱自清散文
050. 菜根谭	076. 人间词话
051. 围炉夜话	077. 喻世明言
052. 小窗幽记	078. 警世通言
053. 挺经	079. 醒世恒言
054. 冰鉴	080. 初刻拍案惊奇
055. 楚辞经典	081. 二刻拍案惊奇
056. 汉赋经典	082. 笑林广记
057. 唐诗	083. 世说新语
058. 宋词	084. 太平广记
059. 元曲	085. 容斋随笔
060. 豪放词	086. 浮生六记
061. 婉约词	087. 牡丹亭
062. 李白·杜甫诗	088. 西厢记
063. 红楼梦诗词	089. 四库全书
064. 最美的诗	090. 中华句典
065. 最美的词	091. 说文解字
066. 文心雕龙	092. 姓氏
067. 天工开物	093. 茶道
068. 梦溪笔谈	094. 奇趣楹联
069. 山海经	095. 中华书法
070. 徐霞客游记	096. 中国建筑
071. 古文观止	097. 中国文化常识
072. 唐宋八大家散文	098. 中国文明考古
073. 最美的散文(世界卷)	099. 中国文化与自然遗产
074. 最美的散文(中国卷)	100. 中国国家地理